麦肯锡
文案写作与沟通技巧

谢东江◎著

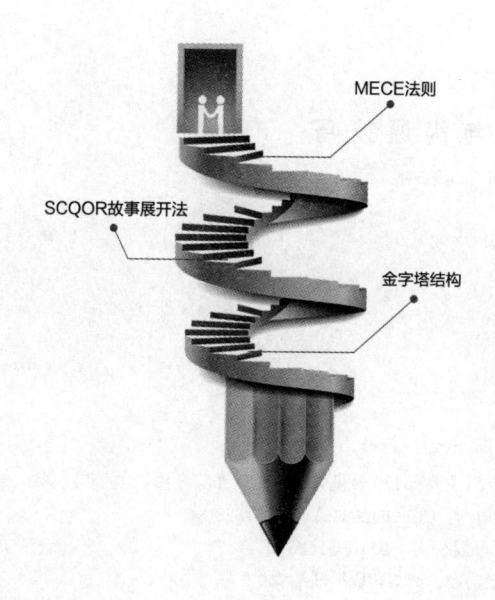

MECE法则

SCQOR故事展开法

金字塔结构

图书在版编目（CIP）数据

麦肯锡文案写作与沟通技巧 / 谢东江著．-- 北京：北京时代华文书局，2017.6（2025.5重印）
ISBN 978-7-5699-1610-2

Ⅰ．①麦… Ⅱ．①谢… Ⅲ．①商务—应用文—写作②商务谈判 Ⅳ．①H152.3②F715.4

中国版本图书馆CIP数据核字（2017）第135969号

麦肯锡文案写作与沟通技巧
MAIKENXI WENAN XIEZUO YU GOUTONG JIQIAO

著　　者	谢东江
出 版 人	陈　涛
策划编辑	胡俊生
责任编辑	张彦翔
装帧设计	元　明　王艾迪
责任印制	訾　敬

出版发行	北京时代华文书局 http://www.bjsdsj.com.cn
	北京市东城区安定门外大街136号皇城国际大厦A座8楼
	邮编：100011　电话：010-64263661　64261528
印　　刷	三河市兴博印务有限公司　0316-5166530
	（如发现印装质量问题，请与印刷厂联系调换）
开　　本	787mm×1092mm　1/16　印　张｜16　字　数｜206千字
版　　次	2017年9月第1版　印　次｜2025年5月第12次印刷
书　　号	ISBN 978-7-5699-1610-2
定　　价	38.00元

版权所有，侵权必究

你是潜在的麦肯锡星人吗？　序言

　　一家大型钢铁公司的总裁遇到麻烦，他非常明确地制定了公司发展的目标，但却不知道如何去实现。几天后，一位咨询顾问坐在他面前，承诺可以在30分钟内给他一个方法，这个方案至少能把公司的业绩提高50%。随后总裁被要求在纸上写下第二天要做的六件最重要的事。写完之后，咨询顾问又要求总裁给这六件事依次标明对公司的重要性次序。咨询顾问接着说："把这张纸条放在口袋里，上班后将纸条拿出来，只看第一项，只做第一项，直到完成。然后用同样的方法做第二项、第三项……直至下班。如果最终你只完成了五件或者四件，那也没关系。因为你总在做着最重要的事。"整个会面时间不超过半小时。

　　几星期后，咨询顾问收到了一张2.5万美元的支票和一封信。总裁在信里说，如果可以用金钱衡量，那将会是他一生中最超值的一课。

　　把自己的思想装进别人脑袋，把别人的钱装进自己口袋，这两件世界上最难的事，此时变得如此轻松。这位优秀的咨询顾问就是利尔森·霍金斯，他来自全球最著名的管理咨询公司——麦肯锡。

　　自1926年成立至今，麦肯锡管理咨询公司已经在全世界拥有了98家分公司、近9000名咨询顾问，业务网络遍及全球，被《财富》杂志评价为"世界上最著名、最严守秘密、最有名望、最富有成效、最值得信赖和最令人羡慕的企业咨询公司"。

麦肯锡之所以被称为"咨询界的路标"，与其创立了许多有效的企业管理规则并恪守这些规则是分不开的。这些规则用"实际、全面、灵活"来描述最恰当不过。对于每一个麦肯锡人来说，这些高效、具有普适性的管理规则都非常宝贵。许多人在离开麦肯锡进入其他公司之后都会担任要职。例如，运通公司、IBM公司、西屋电气公司的高级管理人员中有许多都曾经是麦肯锡的雇员。

成功不可复制，但是却可以借鉴。实际上，任何企业、任何人都可以运用麦肯锡的智慧，创造出属于自己的神话。如果你时常期望能掌握一种更简洁、更高效的方法来应对生活和工作中的种种麻烦，毋庸置疑，你就是潜在的麦肯锡星人。只需要一些来自麦肯锡逻辑的点拨，你会发现，你将很快成为自己期许中的样子。

本书力图清楚明白地讲解富含麦肯锡特色的思维方法和理念，为读者解读麦肯锡高效的文案写作方法和沟通技巧。同时，穿插了一些有代表性的麦肯锡客户案例来做具体说明，并在"实施指南"中详细地指导读者如何在实际工作和生活中灵活运用这些麦肯锡方法。

Contents
目录

序言　你是潜在的麦肯锡星人吗？/ 001

第一篇　写作，思想的实体化

第一章　内容安排合理，思想才能精彩呈现 / 003

一切都应在计划之内 / 003

掌握课题范围，别走错了方向 / 005

麦肯锡法宝：金字塔结构 / 009

为主题定调 / 014

第一印象：序言 / 016

灵活运用三类信息 / 020

MECE法则：不重复、不遗漏的归类分组 / 024

解决方案必须提及风险 / 026

不可或缺的三个替代方案 / 030

总结句要成为点睛之笔 / 032

第二章　用语恰到好处，别人才能读懂 / 035

一气呵成，上下文之间要有过渡 / 035

善用主语，让对方跟着你的思路走 / 039
写者有意、看者无心，委婉语法要慎用 / 042
把负责的态度体现在具体用字上 / 044

第三章 形式不枯燥，别人才愿意看下去 / 047

突出显示文案的框架结构 / 047
分段：表达多个信息的窍门 / 049
图文并茂，拒绝枯燥 / 052
抓住对方眼球的PPT演示文稿 / 056

第二篇 今天，你失言了吗

第一章 会议中的说话逻辑 / 063

别欲言又止，点子无好坏之分 / 063
别沉默是金，每个问题都值得回答 / 066
别先入为主，给思想留一片空白 / 069
别死要面子，敢于扼杀自己的观点 / 071
别节节败退，用质问力对付故意找碴者 / 073
别长篇大论，请珍惜别人的时间 / 075

第二章 访谈时的说话逻辑 / 080

有的放矢，准备一份访谈提要 / 080
访谈成功的七个秘诀 / 083
访谈伊始，注意规避敏感问题 / 086
耐心倾听，是你抛出的橄榄枝 / 088
尊重被访者的感受 / 090

麦肯锡不接受"我没有想法"这种回答 / 094
如何应付棘手的访谈 / 097

第三章　汇报时的说话逻辑 / 101

先理清自己的思路，再去讲给对方听 / 101
运用SCQOR故事展开法说服大家 / 104
你是否能胜任"电梯演讲"？ / 111
想获得认可，就先学会读心术 / 115
别把自己的想法强加于人 / 118

第四章　与同事交流时的说话逻辑 / 120

有沟通才有效率 / 120
团队士气：热情比能力更重要 / 124
同事，是对手也是朋友 / 127
与上司的相处之道 / 129

第三篇　狂工作不等于工作狂

第一章　"事实"是最好的朋友 / 135

数据收集，条条大路通罗马 / 135
最真实的一手信息 / 139
学会利用客户公司的年报 / 144
过犹不及，你也许并不需要这些信息 / 145
做"基本信息"的淘金者 / 147
实现增值的知识管理 / 150

第二章 问题当前：压缩时间，提高效率 / 157

不愿费时列分析计划＝走向失败的捷径 / 157

初始假设的"价值" / 161

直接寻找解决方案的个别情况 / 167

一切事实和假想都必须建立在结构之上 / 169

二八法则，关键驱动因素是一把金钥匙 / 175

别啃鸡肋，理顺分析的优先顺序 / 179

善用前辈经验，少做重复劳动 / 183

自圆自说？很可能大错特错 / 187

无计可施时，别为难自己 / 188

有备而来，会议前的准备工作 / 192

会议笔记，好记性不如烂笔头 / 195

第三章 客户与我，食客与厨师 / 198

时刻将客户的利益置于首位 / 198

谨言慎行，别轻易向客户许诺 / 201

统一战线，让客户团队站到你这边 / 203

你中有我，我中有你 / 206

给客户一份最适合他的解决方案 / 211

如何长期留住客户 / 214

第四章 1+1>2的团队管理 / 217

选拔团队成员的原则 / 217

个人在团队中的发展和评估 / 220

让信息如阳光般普照 / 222

善待每一个"小人物" / 225

第五章　职业生活的自我管理 / 228

告诉自己：不升职就离职 / 228

找到自己的导师才能少走弯路 / 230

每天绘制一个工作图表 / 233

一心不可二用，把自我与工作相分离 / 235

访谈后一定要写感谢信 / 237

出差也要乐在其中 / 239

人尽其能的关系网 / 242

紧张工作之外的私生活 / 245

第一篇 Chapter 1
写作，思想的实体化

几乎每个职场人士都会遇到商务文案写作的情况，不管是做会议记录、项目规划、还是写招标书，都需要拿出逻辑性很强的文采来。商务文案既逃不开语言的艺术这一范畴，也与逻辑思维关系密切。

一个人的思想是否能完美呈现给别人，写作能力的培养不可小觑，本篇将从金字塔结构、MECE法则、一图明一事等麦肯锡招牌经验来对商务写作的窍门娓娓道来。

第一章　内容安排合理，思想才能精彩呈现

内容为上，是一篇商务文案是否具有实用价值的关键所在。就算洋洋洒洒几万字，如果出现课题跑偏、结构安排不合理、信息选择有误、有重复遗漏等问题，那么就不能算是成功的文案。

特别提醒您：重视内容的安排是严谨工作态度的体现，思想的精彩之处唯有站对了位置才能耀眼绽放，搞定了课题、主题、序言、正文、方案、总结，便可以使你的文案熠熠生辉。

一切都应在计划之内

所有的假设、分析、资料收集与诠释，都应该变成通俗易懂的简报，也就是商务文案，然后提交给决策者或重要关系人，这样它们才能实现自己的存在价值，变成对人有助益的事物。撰写商务文案绝不是提笔就来的事情，不能轻率，对其持有马虎态度的人通常都会功亏一篑。因此在动笔设计文案之前，脑子里要有具体的最终产品，这便是列出商务文案的写作计划的过程。如此才能有的放矢地做到按时交付、不重复、不遗漏。

✦ 实施指南

当你开始利用所有问题和子问题来界定最初假设的时候,便是你全面展开文案写作计划的时候,你不仅需要列出每一个问题和子问题的内容,还需要做点其他非常必要的事情,具体如下:

1. 与答案有关的初始假设

这可以避免让初始假设跑偏。

2. 对假设证实或证伪进行的各项分析和它们的优先次序

这样不仅清楚哪些必需的分析和假设有牵连,而且知晓其前后次序。

3. 分析上述所需的数据,数据的可能来源是面谈、普查数据、目标组群等

对数据源头的盲目,只会导致手足无措,因此务必有备而战。

4. 对可能得到最终结果的每项分析做简要的描述

在心里理顺一下每项分析的前景,预测只会益于工作。

5. 负责每项最终产品的人是某位团队成员还是你自己

这会直接关系每项最终产品的优劣,因此必须遴选贤能。

6. 最终产品的交付日期

准确时间可以制约拖延,同时也是负责任的体现。

值得一提的是,麦肯锡的观念是将沟通技巧和文案写作联系在一起,你在动笔之前也应该做好某些需要注意的事项:

确定以结构化的文案内容来呈现想法

毋庸置疑的是,商务文案与广告推销有极大的相似之处。可以令还不算成熟的点子获得重视的是好文案;使好点子埋没的则是规划不佳的文案;而通常可以事半功倍的是利用图表与逻辑结构来呈现想法的那些绝佳文案。所以从一开始,你就应该立下一个原则:我要我的文案完全在结构

化的引导下来实现。

事先与重要的决策者沟通好，避免文案内容令人太过意外

实际上，一个好的文案并不是我们的最终目的，它本质上只是一种沟通工具，是一种媒介，我们的目的是如何利用它来联通彼此的思想，使其和谐一致，达成共识。所以做得再好的文案，如果在内容上缺乏沟通，不能令客户或上司满意，那么它也就失去了意义，再多的努力也是徒劳无功。一般人往往对令人吃惊的事情不喜欢，尤其是那些或许会迫使决策者将计划或程序做以改变的消息。因此，将正式的大型文案提出之前，应该先与重要的决策者接触一下，把可能的看法与其沟通好，如此一来，文案获得顺利通过的概率就会较大。

事先对文案的对象有所了解，以便调整文案形式

根据文案对象的偏好可以将文案形式进行调整。毕竟，对于这个问题不是所有人都会有相同的知识或背景；再者，或许他们对某种形态的文案方式较为偏好。所以，要想顺利写好整个文案，对文案的对象的需求、偏好及背景一定要事先进行了解。

掌握课题范围，别走错了方向

依照问题的类型，我们可以将商务文案中的提案分为以下七种课题（在破折号之后的内容）：

恢复原状型问题——根本措施、应急处理、防止复发策略

预防隐患型问题——预防策略、发生时的应对策略

追求理想型问题——选定理想、实施策略

但商务文案对提案以外的各项课题涉及的比例还很大。例如，如果

你是会议记录者,你是不会将其内容设定为解决问题的故事展开型,会议记录应该是各种记述信息的大集合,而提案则是以解决问题为主旨和内容的,这两者的课题截然不同。但即便是解决问题的文案,也不一定都是提案型的。

倘若我们正在处理恢复原状型问题,而一份以"掌握状况"为课题的文案或许是你需要的;你的主要课题在另一份文案中可能变成"分析原因";还有就是,在文案中你一定要指出表象问题后面的潜在问题,此时解决问题就不是你的课题,而是把真正的问题是什么指出来。

因此,对课题范围的掌握程度越好,你越可以避免走错方向。

※ **实施指南**

"发现问题"与"设定课题"是在对问题解决的过程中经常被提到的重要步骤。当我们无从发现问题所在时,是根本没办法开始解决问题的过程的;假如对具体的课题没有设定,那么解决的方向也就找不到了。所谓"发现问题",就是指设定问题的类型是恢复原状、预防隐患还是追求理想?由这三个主要问题延伸出的相应问题和策略才是"课题",它的分类要比你所发现的问题更多,因此所谓"设定课题"实际上指的是选定"课题范围"。

你一定要视情况来决定应设定给商务文案什么样的课题。这不仅需要对问题是哪一种类型十分明确,并且对解决课题的范围也应该掌握于心,如此一来,发现问题和设定课题的效率就可以大幅提升。

我们下面将问题类型、课题范围做一个梳理:

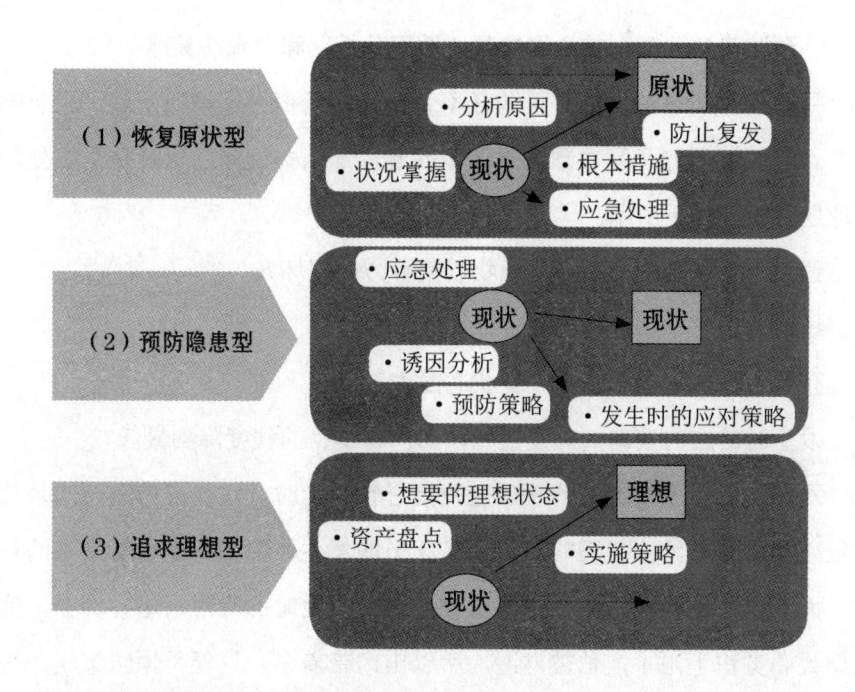

（1）恢复原状型
- 状况掌握
- 分析原因
- 现状 → 原状
- 防止复发
- 根本措施
- 应急处理

（2）预防隐患型
- 应急处理
- 现状 → 现状
- 诱因分析
- 预防策略
- 发生时的应对策略

（3）追求理想型
- 想要的理想状态
- 现状 → 理想
- 资产盘点
- 实施策略

针对"恢复原状",核心课题是"掌握状况"

恢复已损坏的东西到原来的状态就是"恢复原状"。当关键主题是解决恢复原状型问题时,那么关键问题也就是需要处理的课题范围便会如下所示:

掌握状况——是怎么损坏的?

应急处理——如何防止状况恶化?

分析原因——为什么会坏掉?

根本措施——知道原因后,如何做才能复原?

防止复发——应该怎么做,以后才不会又损坏?

"掌握状况"是恢复原状型问题的核心课题范围,继而是"分析原因"和"根本措施",而一般情况大致是这样。但某些情况下,一定要先实行其他的关键主题,也就是优先思考一下"应急处理"的课题,以防止状况继续恶化。

"预防隐患"时，核心课题是"诱因分析"和"预防策略"

目前没有明显的问题，可放任不管会让事情变得很糟糕便是"预防隐患"。当关键主题是解决预防隐患型问题，那么关键问题也就是需要处理的课题范围，如下所示：

假设不良状态——不希望事物以何种方式损坏？

诱因分析——何种诱因导致损坏？

预防策略——如何防止不良状态发生？

发生时的应对策略——发生时，如何将不良的程度降到最低？

对预防隐患型问题的解决课题范围进行思考时，往往混为一谈的是预防策略与发生时的应对策略。将不良状态的发生概率降低是预防策略的目的，而为了将已经产生的伤害降至最低则是发生时的应对策略。例如，抬头望天感觉快下雨了，怕被淋湿，所以出门带着伞，这便是预防策略。怕被淋湿而带着替换的衣物，这则是发生时的应对策略。因为完美的预防策略不易想出来，所以对问题发生时的应对策略加以思考就极为重要。

"追求理想"时，核心课题是"选定理想"和"实施策略"

在未来某事物不会发展成不良状态、可还想改善现状就是"追求理想"。当关键主题是解决追求理想型问题，关键主题的涵盖范围便是以下所示：

资产盘点——自己的强项和弱项是什么？

选定理想——根据实力决定目标

实施策略——决定达成目标的顺序

重要课题的范围在你将问题类型确定了之后也就自动锁定完毕。假如用金字塔结构说明的话，就是先决定关键主题的问题类型，关键主题的课题范围自然而然地就被限定了。继而将目前最重要的主题从里面选出来就行了。核心问题的类型一旦确定，且依照顺序来排列课题范围，在文案设计上被反映出来之后，你便可以展开叙述简明易懂的故事了。对方看到这样的文案，也就能立刻清楚问题是什么，知道你提出了什么解决方案。

麦肯锡法宝：金字塔结构

读者如果想通过阅读你的文章、听你的演讲或接受你的培训来了解你对某一问题的观点和看法，那么，他面临的将是一项复杂的任务。因为读者必须阅读全篇文章，琢磨透每一句话，找出每句话之间的联系，然后前前后后地反复思考，才能理解你的观点。因此，即使你的文章篇幅很短，哪怕是连两页纸都写不满，句子也不会超过100个，他也需要花费很多的时间和精力把上面的程序走完。

好的文章结构会让读者思路清晰。金字塔形结构就是一种不错的文章结构，下面这个图形所展示的就是金字塔结构。从图中我们可看出，金字塔形结构的文章，其思路是从金字塔顶部开始，自上而下，逐层向下扩展，让读者比较容易读懂。

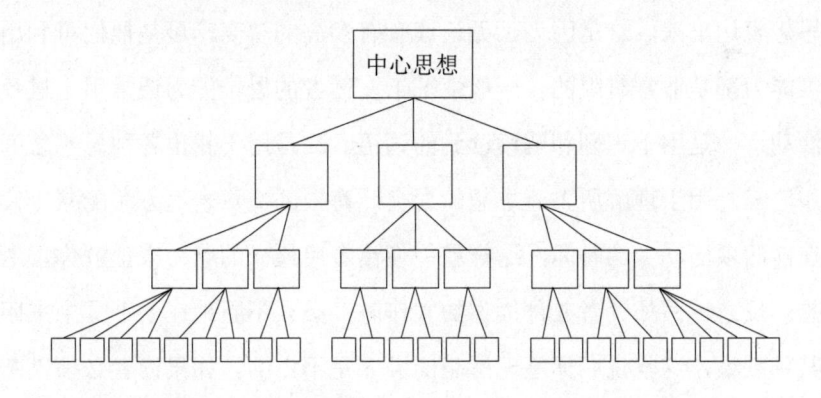

文章中的思想应组成单一思想统领下的金字塔结构

上述现象也体现了人类思维的一个基本规律：那就是大脑能将其认为具有"共性"的任何事物（金字塔结构）归结在一起，以便理解和记忆。因此，绕过将沟通内容预先归纳到金字塔结构中，就会更加容易被人理解和记忆。

因此，有意地将沟通内容组织成金字塔结构是一个不错的选择，说话、演讲、培训、述职、报告和写文章、申请、总结、计划、方案等，无论是口头表达，还是书面表达，都可以进行金字塔结构归结。

✦ 实施指南

当你开始写作时，经常会碰到这样的情况：你只知道大致要写什么，但却并没搞清楚想具体表达什么，以及表达的方式是什么。即使你知道你最终要表达的观点必定会组成一个金字塔结构，你仍然也会有这种不确定的感觉。

因此，假如一坐下来你就企图把思想组织成完整的金字塔，那简直是在做梦。你必须先把你想表达的思想进行梳理，然后再寻找有效的方法把你的思想表达出来。这是因为，无论读者有多高的智商，可是他们可利用的思维能力都是非常有限的。一般情况下，读者的思维能力通常用于进行三项活动：一是用于识别和解读读到的词语，二是用于找出各种思想之间的关系，三是用于理解所表述思想的含义。有效的文章表达方法能减少读者用在前两项活动上的时间，这样就能使读者用最少的脑力来理解你表达的思想。反之，假如读者在拜读你的大作时，必须不断地在上下文中来回寻找某种联系，这就说明你呈现思想的顺序是不当的。如果读者必须不断地寻找句子之间的逻辑关系，他们大多会感到厌烦和反感。

了解掌握了以上知识，你就可以自下而上或自上而下地构建文章的金字塔结构了。

自上而下法构建文章的金字塔结构

自上而下法能非常好地把读者的注意力吸引过来。通过纵向联系，你可采用一种疑问回答式的对话，让读者产生极大的兴趣，让他们更乐意了解你的思路进展。为什么你敢肯定读者会对你的观点感兴趣呢？因为这种纵向联系能促使读者按你的思维产生符合逻辑的反应。你继续不断地按照"引起读者疑问并回答疑问"的方式继续往下进行，直到你认为读者不再质疑你的新表述为止。

当考虑如何表述下一结构层次时，必须确保你的表述能回答其上一个层次表述引起的疑问，同时，还必须确保表述符合逻辑。若作者事先已经将想表述的观点进行了归类和概括，而且还是按自上而下的顺序呈现，那么读者就会更加容易理解了。

用自上而下法构建金字塔的步骤如下：

1. 画出主题方框

这个方框就位于你文章的金字塔结构的顶部。把你想讨论的问题填入方框内，如果你还不知道讨论的主题是什么，请跳到步骤2。

2. 设想主要疑问

你的文章面对的对象是读者，要回答的问题是读者脑中对于该文章主题的疑问，把读者的疑问确定下来后，请写出来，否则请跳到步骤4。

3. 列举对该疑问的回答

如果你对答案还不清楚，请标明你有回答该疑问的能力。

4. 对"背景"做出说明

在这个阶段，你需要证明，你有能力将该主要的疑问和答案论述清晰。具体做法是：首先，把要讨论的主题与"背景"结合起来，做出关于该主题的第一个表述，当然这个表述一定是不会引起争议的。关于该主题的表述可能有很多，那么，哪些表述肯定不会引起读者的疑问呢？你应该挑选读者已经知道和认可的表述，或者根据以往经验，很容易让读者就确认该表述是正确的。

5. 指出"冲突"

在这个步骤中，你已经与读者开始进行疑问和回答式的对话了。此时，若读者表示认同你的表述，点着头说："对，我知道这个情况，有什么问题吗？"你就应当考虑在"背景"中出现了哪些"冲突"能使读者产生疑问呢？是出现了某个问题，发生了某种意外，还是出现明显的不应当出现的变化？等等。

6. 检查"主要疑问"和"答案"

介绍"背景"中的"冲突"，应当能直接引导读者提出主要疑问（已在步骤2中列出），否则，你的介绍就是失败的，应重新介绍。如果出现"背景"中的"冲突"与主要疑问对不上号的情况，就需要你重新进行构思。

以上步骤进行的目的，是确保你了解和掌握自己将要回答哪些疑问。一旦主要"疑问"确定下来，其他要素就会很容易在金字塔结构中各就各位了。

将上述内容精简一下，自上而下法构建金字塔的步骤便是这样的：

1. 提出主题。
2. 设想受众的主要疑问。
3. 写序言：背景→冲突→疑问→回答。
4. 与受众进行疑问/回答式对话。

自下而上法构建文章的金字塔结构

自下而上法是指作者的思维从金字塔的最底部的层次开始，把句子按照某种逻辑顺序组成段落，然后再把段落组成章节，最后把章节组织起来，成为完整的文章，而文章核心观点（中心思想）则位于金字塔的最顶端。

由于你写的每篇文章的结构肯定只支持一个思想，因此，你需要不断地把与主题相关联的单一思想进行归类和概括，直到找不到可以继续概括的内容。文章的这一思想就是你期望表达的思想，而所有你归纳和概括的众多单一思想均位于主题思想之下，而且越往下越具体、越往下越详细（这是针对正确构建文章结构来说的），这些单一思想对你希望表达的主题思想均有解释和支撑的作用。如果你想看一下自己是否正确地构建了文章的结构，那就看一下你的思想是不是用金字塔结构相互关联的。

需要注意，金字塔中的思想互相关联的方式有三种：向上、向下和横向。每一组思想的上一层次的思想，都是对这一组思想的概括，而这一组思想则是对其上一层次思想的解释和支持。

文章中的思想必须符合以下规则：

1. 纵向：文章中任一层次所表述的思想，必须是对其下一层次思想的概括。

2. 横向：每组中所表述的思想，必须属于同一逻辑范畴，并且是按逻辑顺序组织。

你最好能够确定任何关键句的要点，但多数情况下你可能无法确定。别着急，使用自下而上法可帮你解决这个问题。自下而上法构建金字塔步骤如下：

1. 把你想表达的所有思想要点列出清单。

2. 把各要点之间的逻辑关系找出来。

3. 归纳总结，得出结论。

为主题定调

主题所要表达的是作者想传达内容的范围。某种程度上，主题与信息的重要性等同，都是逻辑表现力的核心概念之一。有时候，主题类似于盛装信息的容器。正因为是容器，所以主题限定着信息内容的范围。

就像用真空袋装东西，袋子与所装的物品永远不同。同样，不管主题与范围多么接近，二者在本质上依然有别。虽然主题限制着信息展开的范围，但主题不是信息。主题是有基调的，是一种集思想、内容、个性于一体的事物，有效地搭配信息与主题，可瞬间提升对方的理解度。

✳ 实施指南

合理的主题要涵盖大部分信息的内容，且应该确保主题容量与信息容量相匹配。

主题性质跟信息种类要一致，相关信息量要足够多

设定主题时，需要考虑所涵盖范围的大小、时间轴、印象等因素。另外，主题与信息种类是否能有效整合也是一个关键点。请看下面三则不能删改的信息：

"李女士毕业于北京的一所小学。"

"李女士毕业于上海的一所初高中一贯制中学。"

"李女士毕业于上海同济大学之后，进入企业工作。"

如何设定一个合理的主题将上述三条信息涵盖呢？有的读者可能已经很快将主题确定为"李女士的教育背景"。但也有人可能还在犹豫，考虑要不要将主题定为"李女士的履历"。严格来说，"李女士的教育背景"作为主题更合理。

有人或许会提出质疑：前面几句话确实都在描述李女士的教育背景，但是最后那句"进入企业工作"，严格来讲并不是教育背景的范畴。所以，就整体内容而言，以"李女士的教育背景"来设定主题似乎太小了。这就像说，进入企业工作这个信息，无法被主题容器所容纳，已经满溢了出来。

那如何才能做到滴水不漏呢？看上去我们需要换一个大点的容器，或者我们也可把"进入企业工作"这部分删除。但是，我们已经在一开始就假定了这三个信息都不能被删改了。因此，我们只剩下换个更大的容器这项选择了。所以，看上去我们只能选"李女士的履历"这项主题了。

换了一个大点的主题之后，确实能够涵盖以上所有信息了，但是，新的情况又出现了，那就是容器的容量和内容物不匹配。滴水不漏的结果之一，就是容器大大超过了内容物。这种感觉，就像一个很大的容器却只盛了一点点东西。假设信息内容除了上面三则之外，又加上了诸如李女士曾经在某处任职或者之后调任哪里之类的信息，再将主题设定为"李女士的履历"就合适多了。

案例分析到这里，你或许已经明白了：主题与信息在数量上的匹配度，才是选定主题的关键因素。

太长太短都不好，尽量别把主题写得不伦不类

某种意义上，我不建议大家使用那种模棱两可式的主题，比如说那种严格意义上既不算是信息也不算是主题，但是却具有信息影子的主题。信息就是信息，主题就是主题，两者最好有条理地分开使用。

所以，如果你想表达信息，那就不应该使用"低迷的需求"这类短语式描述，而应该尽量使描述成为一句完整的话，比如"本阶段的客户需求属于低迷期"；反过来说，如果你想表达主题，那就不应该使用"本阶段的客户需求属于低迷期"这类句子式描述，而应该使用"需求状况"或

"需求低迷"这类简洁易懂、归纳性强的短语。

虽然如此，有时基于某种特殊理由，比如说你的上司偏好在主题当中表达结论，所以你无法将主题和信息截然分开，那也没办法，你只能尽量折中一下，多使用一些类似"扩大的市场""强化的规则"等带有信息性的主题。

第一印象：序言

序言，或者叫作引言、前言、导言等，作用是概述读者对此主题已知的信息，并将这些信息与文章所要回答的疑问之间的关系做一下简介。之后，作者就能针对主要内容专心地讲解了。

麦肯锡人认为，文章的序言最好采用讲故事的方式，先介绍读者熟悉的某些背景资料，再说明发生的冲突，由此才能引发读者的疑问，继而作者就可针对该疑问做出回答。这种故事式写法能给读者留下深刻的第一印象。一旦掌握了这种方法，你就能够迅速构思出一篇较短结构的文章。

✵ 实施指南

这种讲故事式的序言写法，对于组织读者已知的信息资料很方便有效。这能让读者认识到，你在讲解自己的新观点之前，是和他们"站在同一位置上"的。那么具体来说，它是如何起作用的呢？

我们应该知道，读者对你写的文章，哪怕它确实言之有物，刚开始都不会像读一篇口口相传的香艳热辣的小说一样感兴趣。这是因为，即便读者非常想了解文章的内容，并且切实相信文章对他们会有助益，他们也必须付出努力才能抛开其他先入为主的观念，再来专注于你的文章。我们大家都有过这种经历：当我们读完了某篇文章起码3页的内容，才突然发现原来其实自己一个字也没看进去。这是因为，我们还没有完全抛开自己头脑中原有的其他想法。因此，只有读者在感受到强烈的吸引力时，才能暂时放下其他想法，而专注于你的文章。

所以，你必须想方设法让读者快速抛开其他思想，专注于你的句子。为了达到这一效果，你可以采用一种非常简单的办法，即利用悬而未决的故事营造一种悬念。比如，假设我对你说"深夜，最后一班地铁停运之后，准备下班的司机在车厢里发现了一个静坐不动的乘客……"不论你在读这句话之前正在想什么，读完这句话之后，你的注意力肯定会被吸引。从心理学的角度来说，先向读者传递简单、扣人心弦的信息，比让他们在混乱的思想状态下自己摸索出精彩之处，更容易使他们接受你的观点。

序言的常见模式

如果你已经构思过各类文章的序言，具有了一定经验，你就会发现，序言的写法其实具有某些共同模式。以下四种模式是商务文章中最常见的：

1. 发出指示式

"指示"式序言是最常见的一种，主要是针对"我们应该做什么"或者"我们应该如何做"等问句的回答，目的就是以简明有力的语言来告诉或者要求某人做某事。通常情况下，作者不是要提醒读者想起某个问题，而是要告诉他们某个问题。

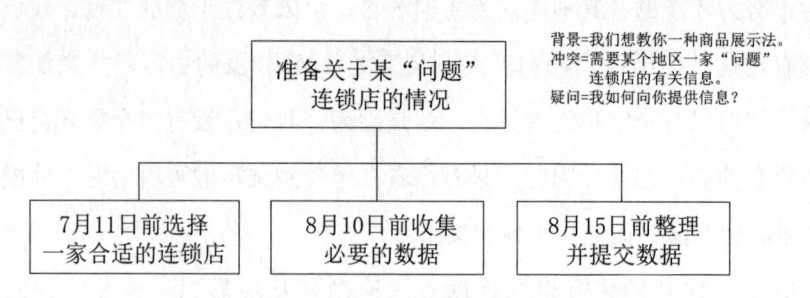

```
          ┌──────────────┐        背景=我们想教你一种商品展示法。
          │准备关于某"问题"│        冲突=需要某个地区一家"问题"
          │  连锁店的情况  │              连锁店的有关信息。
          └──────┬───────┘        疑问=我如何向你提供信息？
     ┌──────────┼──────────┐
┌────┴────┐ ┌────┴────┐ ┌────┴────┐
│7月11日前选择│ │8月10日前收集│ │8月15日前整理│
│一家合适的连锁店│ │ 必要的数据 │ │  并提交数据 │
└─────────┘ └─────────┘ └─────────┘
```

将疑问强加给读者的发出指示式文章

如上图所示，指示式序言通常包含以下结构：背景——我们想做什么；冲突——我们需要你们做什么；疑问——我如何向你提供信息。

2．请求支持式

要求批准经费的申请是一种常见的商务文章。针对这一申请，读者的疑问必定是"我应该批准这一申请吗"。请求支持式序言可适用此类文章。

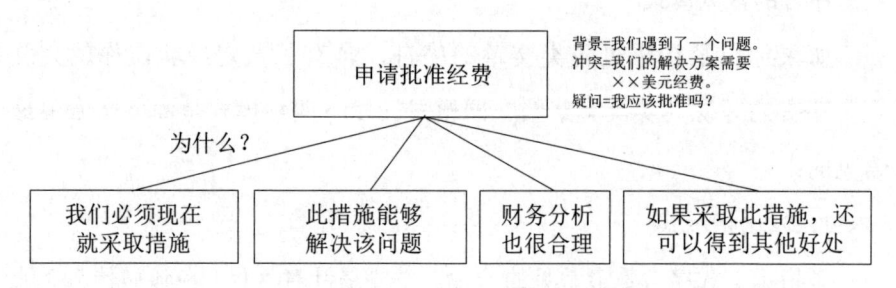

```
                ┌──────────┐      背景=我们遇到了一个问题。
                │ 申请批准经费│      冲突=我们的解决方案需要
                └─────┬────┘            ××美元经费。
         为什么？      │                疑问=我应该批准吗？
     ┌────────┬──────┼──────┬────────┐
┌────┴───┐┌───┴────┐┌──┴──┐┌────┴──────┐
│我们必须现在││此措施能够││财务分析││如果采取此措施，还│
│就采取措施 ││解决该问题││也很合理││可以得到其他好处│
└────────┘└────────┘└─────┘└───────────┘
```

请求支持式文章的基本金字塔结构

如上图所示，请求支持式序言通常包含以下结构：背景——我遇到了某个问题；冲突——我提供的解决方案需要多少经费；疑问——我是否应该批准。

3．解释做法式

在提供咨询时，你写作的目的经常是源于某个人遇到了问题，而你需要告诉他如何解决这个问题。所以，解释做法式序言就是为了向读者解释解决问题的方法，针对的就是"我们应该如何做"等问句。

```
            必须做X
    为什么？ ╱  │  ╲
        步骤一 步骤二 步骤三
```

解释做法式文章的关键句要点结构

如上图所说，解释做法式序言通常包含以下结构：背景——必须做什么；冲突——还未做好准备；疑问——如何做好准备。

4. 比较选择式

有时候，管理者们经常会要求下属就某个问题进行分析并提出合理的解决方案，一般情况下，他们都希望能多提出几个替代性方案。因此，针对"我们应该做什么"等问句，比较选择式序言较为合适。即便你无法提出能彻底解决问题的方案，那你也应该尝试提供一些可供讨论的方案。

比较选择式的序言通常包含以下结构：背景——我们希望做什么；冲突——我们有几种不同的方案可供选择；疑问——哪一种方案最合理。

如果你想表达得更准确，可根据侧重点的不同选择不同的结构，如下面三幅图所示：

```
              选择方案C
        ╱         │         ╲
   方案C比方案A或   方案C比方案A或    方案C更容易实施
   方案B实施更快   方案B成本更低
```

围绕评估的标准写关键句要点

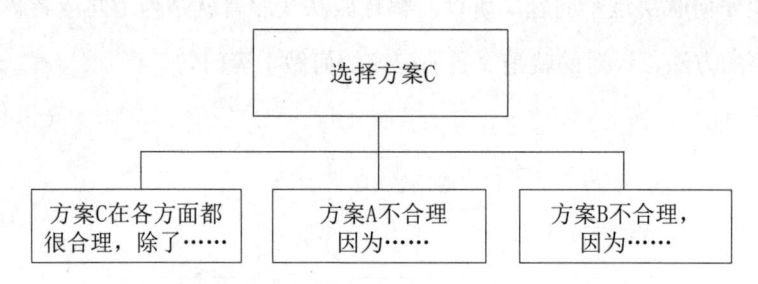

```
          ┌──────────┐
          │ 选择方案C │
          └──────────┘
               │
    ┌──────────┼──────────┐
┌─────────┐ ┌─────────┐ ┌─────────┐
│方案C在各 │ │方案A不合 │ │方案B不合 │
│方面都很合│ │理，因为… │ │理，因为… │
│理，除了… │ │          │ │          │
└─────────┘ └─────────┘ └─────────┘
```

通过说明所有可能的方案提出观点

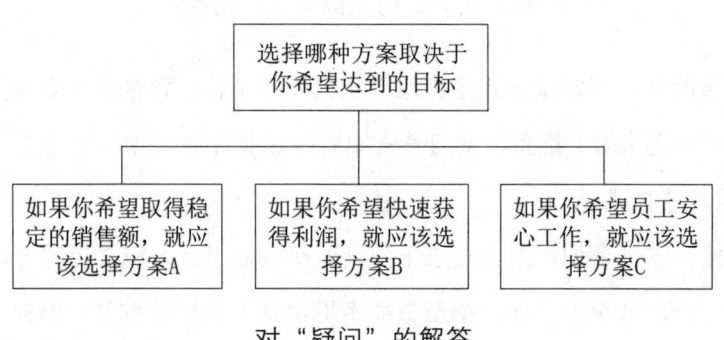

```
          ┌────────────┐
          │选择哪种方案│
          │取决于你希望│
          │达到的目标  │
          └────────────┘
               │
    ┌──────────┼──────────┐
┌─────────┐ ┌─────────┐ ┌─────────┐
│如果你希望│ │如果你希望│ │如果你希望│
│取得稳定的│ │快速获得利│ │员工安心工│
│销售额，就│ │润，就应该│ │作，就应该│
│应该选择方│ │选择方案B │ │选择方案C │
│案A       │ │          │ │          │
└─────────┘ └─────────┘ └─────────┘
```

对"疑问"的解答

灵活运用三类信息

  有时候，我们写的报告明明很详尽，为什么还被上司瞧不上、觉得缺点多多？那多半是因为你虽然在罗列信息上做得周全、广泛，却忘记了信息也是有类别的，是要归类处理的。如果你的上司无法从报告中获得他需要的那类信息，那么无异于给口渴的人送上馒头，他能高兴吗？

  麦肯锡一向将信息视为制作文案必要的"零件"。信息是逻辑表现力的基本概念，如果我们对信息有很深的理解，懂得灵活运用各类信息，那么就可以设计出优秀的文案来博得满堂喝彩。就好比你要画画，就必须对画笔、画布、颜料有相当的认识；你要做菜，就需要非常熟悉食材和厨具，否则，你永远只会做出色香味都没有的大杂烩。

✳ 实施指南

开始之前，请大家搞明白，信息的"种类"与"内容的正确度"绝对是两码事。换句话来讲，就是我们要讨论的问题，是如何理解和判断信息的种类，而不是这则信息所表述、评价、规范的内容是否正确，或者是否有充分的证据。尽管信息内容的正确与否确实是一个很重要的课题，但在区分信息种类时，请大家先把它作为另一个问题，通过别的途径来判断它的正确性。

学会辨别所接触到的信息究竟属于哪个种类

1. 记述信息：描述事物的情况和现象本身

"现在正在刮风""惠灵顿是新西兰的首都""东京铁塔高333米""公司拥有5000名员工""美国的首都是纽约"等，无论正确与否，都是在记述信息，同时也都是在描述一个现象。所谓记述信息，就是描述事物的情况和现象本身。

2. 评价信息：表达某一情况或现象的好坏

与记述信息相反，评价信息是对情况或现象好坏的评价。例如："东京铁塔的设计感非常棒""某公司是优良的企业""某某项目的实施是具有前瞻性的举措""老板的发言非常空洞""这个糟糕的计划没有实现的可能性"等。上述每一则信息都包含了某种好坏的判断，都是评价性非常强的信息。

3. 规范信息：要求事物应该有的状态以及人应该采取的行动

记述信息和评价信息虽然各有自己的特征，但二者都属于描述性信息,都是用来表示事物的状态。而规范信息则是用来表示情况或现象的"应有的状态",以及对某人"该采取的行动"提出建议。例如:"本公司应该尽快并购竞争对手的公司""这个瓶子的容量应该有500毫升"。

规范信息有请求式、命令式等多种方式。例如,请求式的"拜托你,并购竞争对手公司吧",还有命令式的"你一定要并购竞争对手公司"。二者的区别是前者态度温和一些,而后者的态度则非常强硬。但不管是哪一种方式,二者都表达出了规范信息。

活用各类信息的禁区和窍门

有些时候,这三种信息容易被接收者混淆。比如说,接收者有时会将记述信息解读成评价信息,其原因就是在解读过程中,存在着评价条目和评价标准;而把评价信息解读成规范信息,则是因为在解读过程中,潜藏着行动原理。我们既要有意识地在某种情况下规避这种"错觉",也应该在适当的时候利用这种"错觉"。

1. 滥用"必要""不可或缺",会让疑问更多

一则评价信息,很可能会因为接收者读取到"不可或缺""必要"等这些字眼,而被误解读为规范信息,因此,一定要慎用"必要""不可或缺"这些字眼。另外,像这样的字眼,偶尔使用一次还不会出现太大问题,但如果使用太过频繁,就很容易让接收者产生不耐烦的心理。这是因为每个接收者都不乐意被暗示"你应该这样做""你应该那样做"。这时,他内心也会开始不断地冒出一系列疑问:

"怎么没有详细的状况分析(记述信息)?"

"怎么没有清楚的状况解释(评价信息)?"

"怎么没有具体的提案(规范信息)?"

因此,记述是记述,评价是评价,规范是规范,最好区分清楚。

特别是当你的文案报告主体是"状况分析"时,你需要更加当心是

否滥用了"必要""不可或缺"这样的字眼。在做状况分析时，所采用的符合主题的信息，多半应该是描述性的，应该是记述信息或是评价信息。除非你有特殊的意图，不然的话，你最好不要使用太多"必要""不可或缺"等词语，以免误导对方朝着规范信息的方向去思考。

你的主题即使是被设定为提案或建议，你还是最好不要传达"必要""不可或缺"的信息。其原因主要是"必要""不可或缺"属于提案，而不是规范信息。如果主题是提案，在进行信息传递时，除非你别有意图，否则，最好还是使用"应该（采取某行动）……"。

2. 建议"应该……"时，要同时注意礼数

当你催促接收者采取某种行动时，即便你最终要传达的信息在语调上有强有弱，但基本上还是要使用规范信息："应该……"。在这里，"应该……"只是原则上的表现方式，而你的文案报告或文案，却不一定需要完全套用。当你实际向对方传达时，应视情况而定，你可以事先好好考虑，哪些地方该明白说出"应该……"，哪些地方不使用"应该……"反而更有说服力，关键因素在于传递者与接收者之间的关系。

如果不理会对方的反应也没有妨碍的话，那么你只要注意基本的礼貌即可，这时，你明确地使用"应该……"来直接催促对方采取行动，应该不会出现什么大问题；特别是当你以第三者的身份来陈述意见时，使用"应该……"可以最清楚地表明主张。

3. 促使对方行动，你可以故意不传达规范信息

当你已经了解对方心里的评价条目、评价标准、行动原理时，你可以故意不传达你的规范信息，而把自己的主张仅限于记述或评价信息，欲擒故纵，让对方自己去悟，自己去采取行动，这样做的效果或许会更好一些。

比如说，你想促使对方做出决定时，可以只把评价信息"采取某种

行动很不错"传递给对方,让对方自己领悟到规范信息:"我应该做什么。"这样做可能会收到更好的效果。

4. 只传达记述信息,更委婉

还有一种策略能够促使对方采取行动,那就是把记述信息传达给对方,勾起对方的下意识。换句话说,就是你只把记述信息传递给对方即可,如"如果你做X行动,那就会有X的结果。"让对方自然会解释成"X行动是还不错的行动"。这种方法就比只传递评价信息的方法委婉很多。

如果你对对方还不了解,最好是依顺序传达记述信息、评价信息、规范信息,这样做大致上就不会出差错。即使是你在撰写非常注重形式的论文时,也是如此。总之,最重要的是,你要根据不同的对象,考虑如何分别运用不同种类的信息。

关于运用信息,最后还有一个小问题需要大家注意,那就是如果你想列举数据,请务必注明数据来源。这样,如果当有人问你信息来源时,你就不至于答不上来。而且,若干年后,如果你找出以前的某份报告,就能立即知道相关出处,而不至于再翻查相关资料。

MECE法则:不重复、不遗漏地归类分组

数量是否合理、是否与信息内容量相匹配,除了这些,还有一个概念在构成关键主题时很重要,就是主题之间是不是具备MECE(全称为Mutually Exclusive Collectively Exhaustive,直译为集合网罗性、相互排他性),有人理解成"不遗漏、不重复"。不遗漏是为了更具说服力;不重复则是为了易于理解。

在麦肯锡公司里，解决问题过程中的必要因素是MECE。在每一个新的咨询顾问加入麦肯锡之初，MECE就开始不断融入他的生活中。如果你问任何一个麦肯锡人，在麦肯锡所有解决问题的办法中，哪一个是最令他们印象深刻的，他们会异口同声地告诉你：MECE。麦肯锡里每一份提供给客户的文件里，包括每一次电子邮件、每一份情况说明、每一封声讯邮件，甚至每一个内部备忘录都是"不遗漏、不重复"的。

✤ 实施指南

现在就来详细说明一下如何将MECE法则运用到商务文案的写作中去。

MECE的两大特征

1. 最大完善度

只要你做到了清单上的所有内容都是独立的、清楚的，即"相互独立"，你还必须进行审视，以保证它同时还囊括与这一问题有关的所有内容或事项，即"完全穷尽"，以此来实现避免遗漏和最大完善度。

2. 最高条理化

列出你所必须解决的问题的各项组成内容，从你的解决方案的最顶端开始。当你觉得这些内容已经经过仔细琢磨确定以后，它们是否每一项内容都是独立的、可以清楚区分的事情。假如是，那么你的内容清单就是"相互独立的"，实现了最高条理化，避免重复。

避免重复容易，避免遗漏有点难

大家虽然在金字塔结构的关键信息这个层级中设定出不遗漏、不重复的主题，但真正能够实现的门槛却很高。信息稍许重复还不严重，但很难做到一点儿都不遗漏。那么有什么方法能尽可能降低遗漏信息的数量呢？有两种方法可以降低遗漏发生的概率。

1. 现成的MECE分析架构的掌握

可以说，先在自己的秘籍里储存许多套MECE的分析结构（如五力、3C、4P、SWOT分析等），然后选择适合的方法套用于当下遇到的工作。

事前准备好"不遗漏、不重复"的分析结构，能有助于信息金字塔的制作。其原因在金字塔结构中，这些符合MECE的分析架构，代表着针对某项特定的重要主题所准备的已相当完整。因此，只要把每则信息放入个别容器（也就是主要主题）之下，就能够完成信息金字塔的制作。即使不完全合适，只要修改一点点，应该都能够运用。

2. 设定"其他"作为主题

就逻辑上来说，至少确保了"不遗漏"的集合网罗性。虽然"其他"这个概念很模糊，但的确可以暂时替代主题，而且独到见解通常会藏在"其他"类当中。一份令人满意的麦肯锡问题清单所包含的顶级的一级内容不会少于2个，也不会多于5个，当然最好是3个。也就是除了自己想出的主题之外，不管怎样，再多设定一个"其他"。

接下来的做法是最重要的：在设定"其他"作为主题之后，就根据具体的案例，开始在"其他"这个主要主题下，加上次要主题。这样一来，当你觉得有些次要主题无法归纳到已预设好的主要主题下时，便可以把这些次要主题先暂时放在"其他"之下。等到"其他"下面的次要主题越来越多时，你就会发现"其他"这个主要主题的本质是什么。

解决方案必须提及风险

使对方理解伴随着替代方案而出现的风险，是你在自己所撰写的商务文案中需要表达出的重点之一。通常，我们提出某种行动提案，肯定会把收益在哪里告诉对方。但是，也要一并告诉对方风险吗？或是将风险隐瞒？你认为正确的基本态度是什么呢？有人的确觉得"眼不见心不烦，不告诉他比较好"或是"等对方提问的时候再说吧"。但这不是麦肯锡的做法，麦肯锡鼓励大家告诉对方风险。

✳ 实施指南

之所以在撰写解决方案时必须提及风险，原因就在于：多疑是现代人的一种共通属性。"假定一般的接收者都有很重的疑心病"是最聪明的做法。对方多疑已被假定，不成立的便是"眼不见心不烦"这句话了。当你在接收者面前提及"收益很多"时，对方越会对"这里头应有很大的风险"进行猜想。

其次，"等对方提问的时候再说吧"这种想法事实上也不安全，由于接收者是否会就此直接明了地发问是我们无法保证的事。对方可能会想："他只说一些好东西，而很大的内情势必藏在背后，我想撤走是最明智的做法。"有时候对方并不提问，而是直接下决断，而且可能做出不利于你的决断。因此，将收益和风险一并传达给对方是更为合理稳妥的行为。

有人觉得："一定要把策略想出来，使对方将伴随着提案而来的风险回避了。"但若是100%可以回避风险，那么也就不能称为风险了。它之所以是风险，正是由于无法完全回避。因此，在你告诉对方风险时，便不太可能传达出完全回避的信息。

传达风险信息时机取决于接收者对于风险的认识程度

不要回避"万一……怎么办？"的疑问，将风险传达于对方虽然是基本的态度，可什么样的时机适宜，如何传达才最好呢？早些传达，还是最后传达，哪个时机比较好呢？例如接收者对某个主题带来的特定风险极为担心，我们此时该如何做？若是这种情形，早说当然较好。因为接收者的担忧会随着你说出风险的推迟而增加。如果他总是惦记这件事，你后面的信息内容纵然再好，而担心的事情"万一……怎么办？"仍然是对方意识的集中点，这样就算是很棒的内容，被接收者看到之后，也会在其心里大打折扣。

我们拿房屋中介的业务员来举例，假设房子的耐震性是消费者在购买房屋时最为担心的事，那么最好的效果是业务员在对房子其他优点强调之前，应先将推荐方案的耐震性告知消费者。反之，当业务员察觉到对方并没有在这方面有特别担心的情绪时，也就没有把风险提早说出来的必要了。此时，传达信息的顺序应是：优点—风险—优点。

以对方容许的风险范围为准，你对风险的担保不足为道

有人认为："在给对方将风险与收益做比较时，把收益远高于风险或者风险相对小于收益说出来就行了。"这是重要的一点。当亏损是成本，而收益是效益，如果一个提案与成本效益不相符，聪明的举动便是不去推荐或是实施它。

所以，在你提出有关风险的信息时，必须"将包括风险在内的成本效益做以衡量"。可这样的信息再怎么说也仅是比较效益与风险之间的相对评价，还没有充分说明风险。由于相对评价和风险本身的评价不能画等号，因此不管你如何把风险已低于效益多少详细说明，在对方看来这也仅是相对评价而已。当这种风险对当事者而言太高了，超过他所能容忍的范围时，你该怎么办呢？可能提案中的风险相较于效益真的小很多，可对方还是不可承受。一旦你仍然将这种风险提示给当事者，就会产生问题了。

总之，只有正确传达出"风险在当事者可容许的范围内"的信息，才能诱使对方接纳并实行那些带有风险的提案。当然了，这也要建立在对方可以充分理解风险和收益之上。

如何判定对方要承担的风险：损失金额与发生概率

那么，传达出什么样的信息才能使对方明白该风险是在可容许的范围之内？表现风险承受程度的方法通常而言有两种：发生风险后受到的损失程度和发生概率。如果发生损失过大，风险的承受程度就低；相反，损失越小，承受程度就越高。

损失可以发生在任何事物上，比如实际的物理损失、金钱损失，若有若无的心理损失，每个当事者对风险的承受能力都会因为这些因素导致的损失程度不同而存在差异。其次，同一等级的冲击对不同的当事者而言，其损失也不会相同。一位训练有素的职业拳击手，随便向普通人挥出一拳，那都会是严重的伤害。

损失的发生概率也是影响承受程度的重要因素。当损失发生属于高概率时，便是低的风险承受程度；反之，越低的损失发生概率则会带来越高的承受程度。

预期损失就是将发生损失的严重程度和发生的概率相乘后的结果。这样一来，你就可以借此对各个替代方案的风险进行比较。高风险就是发生损失后造成的伤害大，并且发生概率高；反之，低风险则是二者皆低。

可以不提风险的特例情况

把风险刻意不说出来，是否存在这样例外的情况呢？答案是肯定的。当对方对提案的风险心知肚明，但却陷入优柔寡断中、对答应与否不能作答时，你这么做就没错。这时候对有关风险的说明尽量不要刻意触碰，而要将利好不断强调，好比在他背后推上一把，而不是刺上一刀。

确定对方对提案的内容是否完全理解、对提案的分析是否有能力足以承受是此种情况下最重要的事。若是这两项前提不存在，而提案者却仍对风险故意不提及，便构成了对对方的欺骗，专业人士是不会这么做的。

不可或缺的三个替代方案

我们平常能对周围事物和现象做出评价，是因为它们都有比较的对象：有好/坏消息，有成败，有乐，也有苦。如果没有一个以上的条目可供选择，也就是没有比较的对象，我们很难对事物做出评价。

因此，不管你再怎么强调某个问题解决方案的优点，接收者只会想："你说的优点我已经知道了。可是，我还是想和别的方案比较看一看，难道没有其他的策略可以选择了吗？"假如对方没有选择的空间，一定会觉得自己自由选择的权利被剥夺了。

所以麦肯锡建议大家，在撰写商务文案时，针对解决问题的课题，必须提出三个替代方案，而且每个都是不可或缺的。除非无计可施，否则最好避开没有别的方案、提案只有唯一选择的情况。必须有比较的对象，不然一般人很难抉择。

✵ 实施指南

下面就来看看为何需要三个方案以及如何安排它们的出场次序吧。

为什么向对方提示替代方案时，以三个为基本？

假如方案超过三个，接收者很容易陷入信息过多的情况，举棋不定。一般而言，其原因是这样的，人们却通常以为选择的条件越多越好。可是，如果选择条件过多，接收者会不置可否，不知该用哪个条件作为比较的对象，结果反而延迟了决定。即使没有延迟下决定，但是像消费品这些东西，如果选择条件太多，消费者在不知道哪个好、哪个坏的状况之下，为了免去分析比较之苦，常常会选择畅销的商品。所以，像是食品或家电，一旦畅销，就会越卖越好。

所以，为了取得理解度和选择自由二者之间的平衡，提示替代方案时，原则上以三个方案为标准是最合适的。

替代方案的排序：第一个方案，会产生心锚效应

要更好地理解第一个方案的重要性，先来听一个富有哲理的事例：

当我们在餐厅点餐时，如果服务员先介绍一瓶五万块的酒，再介绍两万块的牌子，我们会感觉后者比较便宜；反之，如果服务员先介绍八千块的酒，然后再介绍两万块的酒，我们便觉得后者贵。同样是两万块的价格，但是却因为比较对象的价格参考，改变了我们的价格印象。原因在于，最初的提案会先进入接收者的脑中，成为后面提案的评价标准。假设解决策略有很多种，这时候你提出的顺序将深深影响接收者的决定。特别是第一个提出的提案最为重要。换句话说，他已经被灌输了某种程度的"行情概念"。接收者很容易用最初认识的提案，来比较后面出现的提案孰优孰劣、谁贵谁便宜。

这种以最初的条目作为比较标准的效应，在心理学上称为心锚效应。"锚"是停船的器具，换句话说，最初看到的提案就像将船锚放下一样限定我们的思考。如同上面所述，我们常常喜欢将事物与其他类似的事物相比较；反之，如果事物没有比较的对象，我们就难以评价。最初的方案就是比较的出发点，越到最后，它越会慢慢产生影响力。假如先讲复杂的内容，再讲普通内容，那后者听起来就简单；反之，如果先讲简单，再讲复杂的，那么后者听起来就困难。因此，你可以先思考，对方会如何评价你的替代方案，然后再决定你的提案顺序。

有些人喜欢中庸，那就用中间选项来满足他

多数人都讨厌两极化的选项，倾向选择中庸。我们在准备替代方案时，最好设计出上、中、下三个选项，而且把你最想推荐的选项，放在中间。另外，凑齐上、中、下三种选项，还能够让中间项与心锚效应取得相

031

乘效果。也就是说，除了人们本来就习惯于选择中间选项之外，中间项还表现出"比上便宜，比下高级"的效果。

如果对方的预算较为吃紧，本身又是节俭的人，那么"下"的选项便可以发挥功效。如果对方深信"贵的东西比较好"，是属于豪华主义型的人，那么预先准备的"上"就派上用场了。

总结句要成为点睛之笔

商务文案的最后，便是总结句大展神威的地方。什么是总结句呢？它是一句话或几句话，但绝对不会是长篇大论，它高度概括，指明了整个商务文案的思想主题和最后结论（决策或展望）。聪明人做事不会半途而废，更不会虎头蛇尾，他们会把最精华、最震撼的东西留在最后时刻示人。可以这样说，总结句写得好，就能够成为整个文案的点睛之笔，令读者印象深刻、大为称赞。

✷ 实施指南

既然总结句如此重要，那么如何写好总结句也是需要智慧的，下面就为大家指点一二。

写好总结句的第一个关键：明确它要说明的行动产生的结果或目标

描述行动产生的结果或目标的句子一般可称作行动性词句。行动性词句是商务文案中较为常见的总结句，即可以用"步骤""建议""措施""流程""目标"或"改革"之类的名词表示的词句。在制订行动计划、编制操作手册、介绍系统功能，或说明解决问题的方案时，都会用到行动性词句。但是，对行动性语句进行介绍、建立联系和总结概括，以说明采取某项行动的方式或某事运作的方式，这个思维过程最艰难。

某些行动性语句虽然可能分属不同层次上的原因或结果，但是所有的行动性语句看起来都差不多，都可以用"你应该……"或"我们将……"之类的词开头，然后接上一个动词。所以，你无法从单独的句子看出行动性语句之间的联系，而必须根据你希望达到的结果做出判断。别着急，还有一些能够帮助你轻松表达、理顺思路的技巧，将有助于你写出能体现结果或目标的总结句：

1. 在将各行动（流程、步骤等）联系起来之前，先用明确的词句描述各行动（流程、步骤等）。

2. 分辨出明显的因果关系组合，尽量将每一组中的行动、步骤控制在5个以下。

3. 直接从这些行动、步骤、流程中总结、概括行动的结果和目标。

写好总结句的第二个关键：找出各结论之间的共性

写作中表达的结论或是行动性语句，或是描述性语句，这些语句或是告诉读者做什么事，或是告诉读者关于什么事的情况。在正文部分，我们都会将多个组织问题作为一类，但这本身对于总结句而言并没有太多的意义。这只是思维过程中的第一小步，找出一些可能值得思考的思想。我们要做的第二步，是通过找出这些语句之间的相通点，证明这些语句想表达出的思想确属一类，所以有理由将其与其他语句区分开。第三步，是明确说明这些语句之间的相通点所具备的普遍意义，即要提出一个新的语句（总结性的）。到此，我们自己的思维过程才能说完成了。

你必须做到以下几点：

1. 分析出将这些语句联系在一起的结构上的共性。

2. 分析这些语句间更密切的联系。

3. 归纳总结，概括出能表现主题思想的语句。

总结句要使用明确的词汇，不能模棱两可

最终结果必须使用明确的语言来表达，这是无论怎样强调也不会过分的原则。除非你使用的语言达到了这一要求，不然你根本无法判断你列出的行动、步骤，是否包括了一切应当包括的步骤。

通常有人认为，他们可以通过疑问句绕过使用明确的语言这个要求。他们认为，对问题的回答会引出明确的结果。但是，这种方法实际上只会使你的思路更复杂，因为你避免不了要想象最终的结果，并确定是不是你想要的这一结果。

总结句避免使用"缺乏思想"的句子

假如你已经得出了一个含有概括性思想的语句，你就可以在这个思想的基础上用下面两种方式延续你的思路：对其作品进一步评论（演绎法）；分析出与之类似的思想（归纳法）。但在用这一过程产生新的概括性思想语句前，你必须保证，原有的概括性思想，是根据一些适当的思想合理概括出来的。

如果反之，你的总结句是那种"缺乏思想"的句子，则你的思路恐怕就要到此为止了。因为，对一组语句进行严谨的提炼、总结、概括，必然会推动思维的发展，但这种句子会掩盖思考不完整的事实，让你错失了一个进行有逻辑性和创造性思考的大好机会。

这种"缺乏思想"的句子对读者而言也是枯燥无味的，难以吸引和保持读者的注意力，不能激发读者的阅读期待，还可能使读者根本无法了解你的思想表达。

第二章　用语恰到好处，别人才能读懂

商务文案中因为关乎重大事宜，所以往往要求严谨，但仍有些精心撰写的文案会出现词不达意、不知所云的情况，令文案的目的性难以实现。这多半与文字功底较差有关系，通过勤加练习，是可以提升的。

特别提醒您：严谨的商务文案是在一个连接词、一个主语、一个具体用字上都要加以思考的，并不是什么跟随灵感信手拈来的事情。

一气呵成，上下文之间要有过渡

如果接收者发出如此的感叹——这份文案真难懂啊！或许有如下几个原因：

你应该先对这份文案的目的做出理智思考、进行一番追究，虽然这是个较大范围的问题，但这往往是来自源头的问题所在。比如，你需要思考：这份文案最终要传达"记述信息"，还是传达"评价信息"，或是传达某种具体行动提出的"规范信息"？也可以这么说，当信息是模糊不明的种类时，接收者在宏观上对信息就无法充分理解。

另外，有时候构成文章的零件便是问题的源头，换言之就是个别信息的不当导致了文案可读性的减弱，这说明接收者的障碍出在对微观信息的理解上。接收者有时已经将宏观和微观上的意思大致理解了，也就是说，分开每一个零件他都能看懂，但他对整份文章阅读后还是处于不知所谓的状态。这时，你就应该明确错在哪里了——一定是因为我的文案不够"通顺"。

"写文章要通顺"是对商务文案写作的基本要求。事实上，"通顺"与否大多体现在逻辑连接词上的。在沟通媒介里，例如会话、新闻报道、商务文案等，一些不清不楚的连接词常会被我们看到。他们为什么会犯这样的错误呢？因为这些人只是一股脑儿地写出来自己想说的话，根本对信息与信息之间的关系没有加以应有的关注，更没有想过连接彼此的词语是否适宜，怎样让语句变得更加通顺就越发是从未想过的事了。对多个信息而言，模糊不清的连接词是无法起到连接它们的作用的，所以这些不称职的连接词也成了使正确信息传达受到阻碍的最主要因素。当每一则信息之间的关系模糊不清时，上下文的关系和主旨当然也难以明朗。

麦肯锡觉得：为了传达出正确的意思，大家应该对逻辑连接词加以重视，善用它们，使其恰到好处，从而将信息与信息之间的关系表明清楚。如此一来，上下文之间就有了很自然的过渡，文章也就一气呵成了。

✧ 实施指南

大家内心要有清楚的认识：整份文案的信息、章信息、分段信息、个别的句子之间等，它们一环套一环，都有关系，并且密不可分。这些关系的准确表达都依赖于逻辑连接词。而逻辑思考之一就是把逻辑衔接怎样加入的思考过程。要想对方将上下文的关系理解得轻松，只有把逻辑连接词做到正确使用。

例如：

只要"因此"一出现，对方马上明白你后面的结论是缘于前面的根据。当你使用的衔接方式模模糊糊，而你最终想表达追加还是归结就令对方无法确定了，理解上的负担便会出现。

当使用了"借由……"，那么对方无须思考，就能一下想到你前面和后面会分别讲到手段和目的。倘若使用的衔接方式模糊不清，你到底是想表达追加的信息，还是想说出目的，这就会让对方费解，因此只能继续读下去，把前后关系思索一番再来推断。

这里推荐《麦肯锡教我的写作武器——从逻辑思考到文案写作》的作者高杉尚孝（曾经在麦肯锡任职多年）总结出的连接词使用表：

高杉逻辑连接词表

顺承与附加	追加	还有、并且、再加上、以及、不仅如此、不只、理所当然、另外、除了、同时、特别是、而且、除此之外、尤其、甚至
	对比	并列　另外、另一方面、相对地 时间系列　同时、以来、以后、以前
	解说	延伸　总而言之、也就是说、具体地说、例如、其实、原本、顺带一提 总结　像这样、总而言之、总的来说、综合来说、简言之 换句　换句话说、讲白了、换言之
	条件	如果、假设、假如……的话、如果不是……的话、根据、只要、至少、有……的话、而且
	选择	或者、或是、或如、不如、还是

顺承与论证	理由	为什么、所谓的、理由是、原因是、因为、由于
	归结	因此、正因为、由于、基于、结果、综合……的观点、所以、于是
	手段	借由、借着
	目的	为了、为此

转折	反转	可是、但是、虽然、不过
	限制	要注意的是、虽说如此、……没错但、相反地
	让步	当然、确实、没错
	转换	对了、那么、接下来

在逻辑连接词的使用过程里,要视情况而选择具体的词语,起码要符合意思衔接的必要性,更要与彼处的语境相宜。

使用连接词不要一波三折,最好一气呵成

即使个别信息是已经明了的衔接,有时也未必能够保证句子是否简单易懂。例如虽然有逻辑的衔接已经加进了个别信息里,假如"因此、结果、所以"等三四个归结连接词连续出现于文中,文章理解起来就有难度了。这好比向问路者指点道路,虽然你明明白白地描述出了路线,可若整句话里都是"向左、向右、再向左、再向右"这样的词语,不仅令人身体转不停,也会令原本清晰的思路转成一团乱麻,这样只会使问路者再次迷路。此时,更容易使其到达目的地的表述是精简的、诸如"左右"的指示词,加入一些形象的地标性建筑作为参考,此时你会发现,原来通往目的地的路线很简单直接,并不需要这样左转右转的。

所以,回到对文案中连接词的解读上来,你最好能在全文初具雏形时,先对个别的衔接进行检查,确定其是否明朗地连接了上下文,然后将全文的脉络再重新检视一番,最后把那些多余的连接词以及它们所连接的冗余信息一并剔除。这样一来,虽然我们撰写文案的时候未必一气呵成,但至少别人阅读的时候可以一气呵成,你的努力就没有白费。

看报纸、听新闻可以练习逻辑思考能力

"在商务文案中灵活巧妙使用连接词",要想对这项技巧加以磨炼,平时的积累最重要,我对大家的建议是从报纸新闻中做练习。在吃早点看报时，试着把三五个语句衔接模糊的地方找出来，然后将它转换成逻辑衔接。

假如想挑战更高难度的练习，听新闻便是一种可靠的方式。听听主持人播报新闻，当模糊语意的衔接出现时，在心里将此转换成逻辑语气的衔接，然后试着把手段、追加、归结等类型的连接词插入，做好逻辑衔接。勤加练习，你就可以达到闭着眼睛也能顺其自然地连接上下文的境界。

善用主语，让对方跟着你的思路走

在必须厘清责任的商务文案里，如果欠缺主语，是容易造成很大误解的。如果你说话没主语，别人可能就不会懂得你想表达什么，自然也就不会跟着你的思路走了。因此，在商务文案中，这个问题一定要特别注意。

✦ 实施指南

我们经常在说话时省略主语，似乎已经习以为常。一般情况下，下列两种情况往往会省略主语：

一种是根据前后文的脉络、状况或者场景，我们可自然地推论出支配谓语的主语。例如，在日常对话中，我们听到"肚子好饿哦"，就能推断主语是说话者本人；如果我们对你说"很累吧"，你能直觉推论出主语为"你"。这种情况下，就算欠缺主语，也不影响句子意思的表达。

一种是主语确实找不到合适的行为者。例如"应该关闭亏本的店铺"，在这句话里，我们就找不到句子的主语。

在这里为什么我们就不太在意主语（行为者）呢？原因之一，或许跟我们过去身为农耕民族有关系。当时可能有事大家一起做，久而久之就变成一种前提和默契了。比如说种田，"谁种田？""一个人怎么种田？当然是全村的老少爷们儿啦"；收割，"谁收割？""一个人怎么收割？当然也是全村的老少爷们儿啦"。

但是，在商业沟通当中，行为者责任是备受重视的，行为者在传达信息时是必须被明确的，这种强迫性训练是非常重要的，可不是完全靠什么默契去推断主语（行为者）。尤其在商务写作中，就要慎重对待主语问题了，因为这多半情况下都不是相熟的人在交流，你们之间没有那么多的默契，有些事情必须说得明确一些才有助于对方去理解透彻。

在商务文案中，若主语（行为者）欠缺，就很容易搞不清楚责任归属，如果让对方自行去推断主语，是非常不保险的。举一个例子来说："本公司非常重视与贵公司的独家交易，可是最近开始与别家公司交易，让人非常担忧。"这句话就有歧义，让人犯疑惑。最近开始与别家公司交易到底是谁呢，是本公司还是贵公司？非常担忧的人到底是谁呢？是贵公司，是别家公司，还是说话者本人呢？

尽量多用主动语态，少用被动语态

像前述的"应该关闭亏本的店铺"这句话，如果改成被动语态"亏本的店铺应该被关闭"，在这句话里，尽管主语与谓语都较为明确，但还是让人不禁想问："被谁？"可见，只要没有加入"关闭"的行为者，就算是改成被动语态也还是会让人感到迷惑。

在商务文案中，使用被动语态的表现是很多的，例如"××被公认为""××被认为是"等。这是因为很多人抱着可以巧妙蒙混过关的念头，或是因为想酝酿出客观分析的感觉。而事实上，从接收者的立场来看，往往会引起他们的反感或不耐烦："被公认、被认为，我懂。可是，到底是被谁公认、被谁认为呢？"

因此，为了能清楚地表现出主语，让信息更加清楚，最好还是用主动语态作为基本句型。

记得要让主语与谓语尽量靠近一点

主语和谓语靠得近一点，才能清楚表达"什么事是什么？""什么事怎么了？""谁应该做什么？"等信息。两种方法可做到这一点：一种方法是把主语与谓语之间的说明缩短；另一种方法是根据情况，把一个句子分成两个句子来做说明。

例如，在下面这个句子中，主语与谓语离得太远了。

"业务部长在前天的例会中，听到各业务据点报告的业务进度比预期来得好，以及各据点关于伦理提升所做的说明之后，感到非常满意。"

几十个字把主语与谓语隔开，如果让它们靠近一点，是不是应该更好理解呢？

改善方法一：

"在前天的例会中，听到各业务据点报告的业务进度比预期来得好，以及各据点所做的关于伦理提升的说明之后，业务部长感到非常满意。"

这样一修整，主语与谓语确实靠近了，但主句出现前的前置文字居然有将近五十个字，读起来还是非常累。

改善方法二：

"业务部长感到非常满意，因为他在前天的例会中，听到各业务据点报告的业务进度比预期来得好，也听到各据点所做的关于伦理提升的说明。"

这个方法的优点是，把主句放在前头，先说出结论，原因部分后置。可是，在原因说明中，主语的"他"与谓语的"听到"相隔还是太远，如果让它们再靠近一些，效果是不是会更好一点呢？

改善方法三：

"业务部长在前天的例会中感到非常满意。因为他听到各业务据点报告的业务进度比预期来得好,也听到各据点所做的关于伦理提升的说明。"

这是最为完美的描述。

主语有时应刻意省略的个别情况

从前面讨论的观点我们知道,最好多使用主语与谓语明晰的句型,但并不是所有的情况都是这样。

有些时候,省略主语之后反而会感觉比较流畅。这时候,若是再故意把主语加进去,反而可能使接收者把注意力过度集中在主语上。例如,你说了一段话之后,如果加上一句"我个人这么认为",这就等于引诱接收者去想:"你个人这么认为,那么别人可能不这么认为啰?"如果你的本意并不是引诱接收者产生这样的想法,那你最好别强调"我个人"。

可是,假如你省略了主语,就得注意一下你想传达的具体内容会不会被对方误解,这个很重要,一定要搞清楚。在设计文案时,最好在草稿阶段先把每个句子的主语清楚地标示出来,然后一个一个地判断哪些地方的主语省略了比较好,然后再去刻意省略。

写者有意、看者无心,委婉语法要慎用

在使用委婉的语法表达时,要多加注意。很多情况下,委婉语法跟抽象表现具有相通之处。委婉语法向对方传达的信息时采用间接的形式,它避免了直接使用否定的尴尬,但却很容易造成对方的误解,所以应该谨慎使用。

🔍 **案例**

在现实中,大前研一曾经碰到过这样的事情,他是如此描述这个令人哭笑不得的经历的:

我因为工作的需要,路过新宿车站,在搭乘电车时必须经过一个厕所。就在那个厕所里,不间断地播放着:"厕所正在清扫中,请多帮忙!"的录音。感到不可思议的我,忍不住嘟囔着:"帮忙?你这是要我来给你打扫厕所吗?!"

后来我跟同事说起这件事时,却被他们狠狠地嘲笑了一顿:"只有像你这样的傻瓜,才会有这么愚蠢的解释!"经过他们的一番解释,我才最终明白:其实人家的意思应该是"现在请不要使用厕所!""请忍耐!""请不要使用这间厕所!""在使用厕所时,请不要影响打扫!"或者是"在使用厕所时,请注意不要滑倒!"等等。

而我将其解释为"请帮我打扫厕所"还不算是最为奇葩的,有个同事甚至将其解释为"请帮我留意一下,禁止别人如厕"。面对这位同事的解释,我真的感到无语了!

✳ **实施指南**

使用委婉用语时,我们可用含蓄、内敛的语言来表达那些强烈的、张扬的话语,从而比较理想地完成交际任务。

委婉语既是一种语言现象,更是人们用于交际交流的一种重要手段,使用委婉语这种迂回曲折的语言形式来对思想进行表达,在交流信息的同时,还能最大程度上避免引起双方的不快,避免双方关系的受损;同时作为一种社会的文化现象,委婉语穿插在人们生活的每个角落,也是对社会现象和人们心理的一种反映，如避讳、禁忌、礼貌等。

在现实生活中，语法和用语手段通常也被用来表达委婉的含义，这种委婉的表述手法最常见于商务信函之中。在这里，人们为了创造良好的商务环境，达到双方共赢的目的，通常借用委婉语来对自己的观点和愿望进行礼貌而委婉的陈述，从而提出请求和建议。

需要注意的是，在委婉语的使用过程中，要结合交际对象、话题以及环境等因素进行具体的变更。

当交流的双方处于不同的文化层次时，使用委婉语进行交流，往往会因为文化的差异，默契的减少而导致产生误会。这时候最好采用直接的具体说明，哪怕是令自己感到啰唆也在所不惜。同样，在相同的文化圈中，各种不同的亚文化圈也是存在的。

委婉语的使用范畴、功能和表达方式，随着人们日益变化的思维方式、道德观和社会价值而发生着日新月异的变化。过多的委婉语用在商务写作中，会给人以矫揉造作、言辞声色不堪的感觉，严重时甚至会掩盖事物本质，给人以一头雾水、不知所云的感觉。

所以在商务写作中，应力求表述准确、立场坚定，绝不能一味追求表达的委婉、含蓄，要以尊重对方的态度，对自己的意见进行郑重的表达。为了能够在社交过程中恰如其分地使用委婉语，使其充分发挥作用，我们应该加强对委婉语的学习和掌握。

把负责的态度体现在具体用字上

在信息表述过程中，大量地使用抽象词语，是相当不负责任的做法，因为这是把解释文案的权利，交给了阅读者，而并没有表述出属于自己的东西。这是非常不专业的行为。

你要做的是，认真琢磨一下自己的用词用字，从接收者的角度去体验一下这些文字是否能带来阅读上的良好感觉，是否能带来明晰的理解效果。如果你能让接收者在通读你的文案之后没有对具体用词用字提出疑问，那么，这就可以算是你负责任的工作态度的一种体现了。

✧ 实施指南

过多地使用诸如"重新评估""调整""推动"类的抽象表达，将会使得商务写作中的叙述缺乏明晰，变得模糊、缺漏。

使用抽象表达，也就将具体的解释权交给了接收者。当接收者与传递者具有一致的理解时，就能够得到正确的信息，但并不是每次都能做到。所以当我们需要对方能以某种具体行动进行配合时，为避免动作的不连贯性，应该尽量避免使用抽象表达。

"活性化""多样化"，是一种不讨喜的圆滑词汇

在商业文案中过多地使用"……多样化""……的活动性""重新评估……""重新组合……""重新构建……""强化……""确立……""推动……"等不负责任的抽象表达，会给广大读者造成错觉，使他们认为：如果没有这些抽象表达的话，我将写不出东西来。抽象表达给人无法进入具体行动层次的感觉，当用来表述某一方向性的东西时，它才是可取的。

如果你是公司的管理者就可做出诸如"强化公司人才培养体制"这类方向性的表达，虽然它并不具体，但却让人无从反对它的内容。

当然这种指示其实是很空泛的东西，虽然人才培养是一件好事，但是所谓"人才培养体制"是什么东西呢？又该如何去强化呢？这时候接收者又该如何去行动呢？听起来是很容易的一件事，可要执行起来，却又显得

无从着手了。

"××性""××力"，滥用之后，威力尽失

分别用"优异的安全性""超群的功能性"和"良好的本性"来形容一部车、一件商品、一个人，这是最为常见的抽象表现，它明确地表述了信息的方向性。但是细说起来，无论是"安全性""功能性"，还是"人性"，都缺乏具体性的表述。"……性"，作为高度抽象性的表述，常用来作为广泛范围的主题。这时候作为信息接收者常常会发出"……性，具体是如何表现的呢"这样的疑问。这时候就需要做出具体的说明了。

比如，汽车的"安全性"到底是指的哪一方面？是驾驶者安全，还是乘客安全？是前排座椅安全，还是后排座椅安全？是驾乘人员的安全，还是被撞击到的人的安全？这时候，若进行具体量化定性，可能所谓的安全性，指的是在对墙壁以××公里的时速进行撞击时，汽车的耐冲击程度；或者是在某一指定速度下，车子从踩下刹车踏板到停止所需要的时间；或者干脆就是指的汽车配备的安全气囊、后视摄影机等装备。这时候所谓安全性具体指的是哪一方面就显得至关重要了。

同样地，"××力"也有相似的表现，"强化营业力""要有向心力、凝聚力""现场力是很重要的"等等，这些相当正确的主张，细细推敲起来，我们应该怎么去做呢，反正我认为接收者是很难将他们与合适的行动相连接的，因为它们所表述的东西，实在是过于抽象了。

第三章　形式不枯燥，别人才愿意看下去

现代人的阅读习惯是钟爱图文并茂胜过密密麻麻的白纸黑字，这不仅仅是视觉上的选择，也是心理上的选择。很多人的商务文案之所以写得不被认可，有一定的原因就出在了形式太过枯燥，就算内容写得天花乱坠，也令人没有通读到底的欲望。

特别提醒您：文案的结构、分段、图文比例，以及多媒体演示都是商务文案写作中必须掌握的技巧，这一章，值得您学习。

突出显示文案的框架结构

麦肯锡人对文案的制作很讲究谋略，毕竟这是书面交流能否达成效能的必备工具。一个文案的框架结构直接彰显员工思维的灵活缜密程度，因此重视文案写作是工作中不可小觑的一个环节。

✦ 实施指南

在组建文案的框架结构的时候，以下的步骤要点值得大家借鉴：

内容很长，就将主要摘要放在前面，先说结论让对方安心

当一份报告有许多页数时，附上主要摘要就再好不过了。主要摘要会

让接收者对整体脉络有个大致掌握之后，再着手阅读正式内容，如此一来更能减轻让他们从头阅读冗长文本的心理负担了。

每一页都设定一个主题

每个页面都设定一个主题可以为整个页面做出定义，也就是指明你在这一页中想说明什么，它更像是信息的"容器"。即使未必会出现"关于……"的字眼，但是"关于"之意已经在主题里隐含了。

所有的文案几乎都离不开明确的"主题"。但我们经常看到的情况却是某些文案连续数页都在说明同一个主题，这会给接收者造成负担，尽量不要这么做。

当你为了说明同一主题要用上连续好几页之时，这要么表明你的主题范围划分得太过宽泛了，要么是因为你设置了过多阐述细节的内容于同一个主题中，以致正文有了不符合视觉体验的长度。记住：能把每一页面都当成一个容器是最理想的状态。

每一页都只放三项信息

简报页眉的基本设计

每一页，放入三种要素

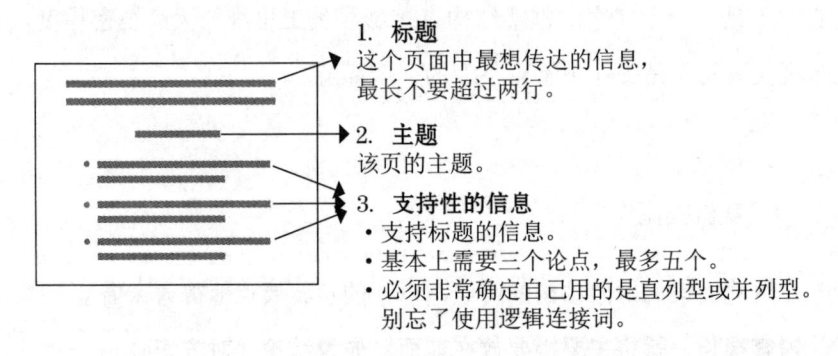

1. **标题**
   这个页面中最想传达的信息，最长不要超过两行。
2. **主题**
   该页的主题。
3. **支持性的信息**
   - 支持标题的信息。
   - 基本上需要三个论点，最多五个。
   - 必须非常确定自己用的是直列型或并列型。别忘了使用逻辑连接词。

（所有的页面都可以根据金字塔结构进行设计。）

对文案数据进行制作时，每一页有三个要素要放入，它们分别是：

1. 标题（主题）信息；
2. 主题；
3. 支持信息。

许多外资顾问公司，如麦肯锡对文案的制作都是采用了这种页面结构。

标题是你在页面中最想传达的信息。令我们遗憾的是，在很多文案数据的上面都没有标题。标题还有另外几种称呼，比如领导信息、话题句等，它们可以充分体现出标题的"领头"地位。通常来说，标题都会被放置在页面的顶端，这样可以方便你想传达的信息被接收者一眼看到。当你运用了这个方法，尽管底下是艰涩难懂、意思含糊的内容，接收者也不会误解你，最起码能将错误信息的传达概率降低。在报告格式中每个分段都附上标题的做法与其类似，这样能使说服力得以提高，还能让接收者的负担减轻。标题的篇幅控制在两行内即可，字体也要注意不能过大。

也许有人会对此提出异议，比如："文案制作软件并不是这样安排标题的。"我给出的回答是："即便不遵照文案软件的格式也不是什么违法行为吧，文案就是文案，它没必要听另外一个软件的安排，它应该听从的是内容、你的目的性、读者的阅读需求，只要能实现你的预期，谁能说把标题安排在页面顶端是不对的呢？况且，若是制作每一份文案都按照软件的自动格式来排版，所有的文案数据都一模一样，任何文案看起来都是同一文案，难以调动读者的兴趣，也就都失去了阅读的意义。"

分段：表达多个信息的窍门

截至目前，麦肯锡教我们学习了怎样增加个别信息的明了程度，怎样让多个信息集合体变得明了,接下来麦肯锡就要讲述另一个重要概念——段落。

逻辑表现力中相当重要的概念之一便是分段。在分段过程中,除各句信息都要非常明了之外,最重要的是,"分段"本身,即整个区块,也必须清楚明了才行。

实施指南

所谓段落,是指在一个主题下,由整理过的多个信息所组成的一个区块。一般情况下,段落由多个句子构成,其作用是以完整区块来传达单一信息。段落开头必须空两个字,因此称为段落。段落给人的第一感觉就是"我还要继续说,但先从这里开始换行吧"。

撰写商务文案时,分段需要遵循的原则

1. 单一性原则

就是说,意思联系不密切的段不能分在一个段落里,即一个段落的内容是单一的。

2. 完整性原则

就是说,意思一样的段要分在一起,不能分在几个段落里。

3. 连贯性原则

就是说,一篇文章各段是相互衔接的,存在着内在的联系,它们的意思是连贯的。下面通过一个例子来反映分段连贯性原则:

接受变化需要时间

例如,很多人都有这样的经历:刚搬进新家,前几天下班回到家,一定会忽然有"对呀,我已经搬家了"的意识。据说这种意识大约需要三个星期才会慢慢淡化。这说明人在意识的层面即使已经认识、了解状况发生了变化，但这种变化要完全渗透到潜意识层面，是需要一点时间的。由于泡沫经济的崩溃，造成房地产价格的下滑。房地产所有者即使理解、面临这个事实，却很少有人能立即接受。这说明接受状况的变化是需要一段时间的。交涉也是这样，对方交涉环境的变化或者接受新的点子，都是需要时间的。也就是说，需要经过一段适应期。

这个例子在分段的开头，就有一个标题"接受变化需要时间"传达出信息。这叫作"标题信息"或者"引导信息"，其作用就是提前把分段的信息传达出来。有时候，引导信息也可直接穿插在文中。

"例如，很多人都有这样经历：刚搬进新家，前几天下班回到家，一定会忽然有"对呀，我已经搬家了"的意识。这种意识据说大约需要三个星期才会慢慢淡化。这说明人在意识的层面即使已经认识、了解状况发生了变化，但这种变化要完全渗透到潜意识层面，是需要一点时间的。"以上这一小段是证实单一信息的事例。事例之后，更详细地表达了单一信息。

"由于泡沫经济的崩溃，造成房地产价格的下滑。房地产所有者即使理解、面临这个事实，却很少有人能立即接受。这说明接受状况的变化是需要一段时间的。"同上，这一小段也是证实单一信息的事例。在事例之后，更详细地表达了单一信息。承接刚才的事例，加上信息的形式，跟前面正好形成一个对句。

"交涉也是这样，对方交涉环境的变化或者接受新的点子，都是需要时间的。也就是说，需要经过一段适应期。"从整篇文字来看，作者最希望传达的信息既不是搬家，也不是房地产价格，而是传达交涉。依据前面两个不同领域所做行为的类推，其目的是为了最后确认"交涉"这个单一信息。也就是说，整个段落的叙述都是为证明"接受变化需要时间"这个标题信息。并且在分段的最后，用了几乎和标题信息一样的信息，只是再做一次确认罢了。

如果你是在原始资料的基础上进行分段整理工作

有些人粗略地把原始资料看一遍，也不考虑写什么、怎样写，就开始匆匆"猜段"整理，结果分段大都是错误的。一般情况下，给文章分段分三个步骤进行。

第一步，把全文通读一遍，对文章的主要内容进行了解，并看看文章的材料是怎样安排的，确定把分段的依据确定下来。这一步是分段的基础。

第二步，仔细阅读每个自然段，掌握每个自然段的内容，以及相互之间的关系。

第三步，采用适当的方法，找出每段的起止进行分段。

阅读仔细了，考虑清楚了，然后再着手进行分段，分段的正确率就会大大提高。

分段的数量应该如何安排

一般情况下，一张A4纸上放上五个左右的分段最适合。如果仅放入三个分段，那么每一段的内容就会太长；如果分段超过七个，就会让人产生破碎零散杂乱的感觉，因此要注意一张A4纸上最多不要超过七个分段。在报告的形式中，为减轻读者视觉上的负担，在设计版面时，在每个分段之间一定要空出一行，而书籍则另当别论。

图文并茂，拒绝枯燥

图表和信息图像化是麦肯锡公司与客户进行沟通的主要利器。

如今，人们用来汇报的已经不仅仅局限于图表，还可以是产品样本、三维模型或者是网页。无论采取哪种形式，不错的视觉辅助材料，可以达到意想不到的沟通效果。一幅图所能表达的概念和数据，或许用数页的文字才能阐述清楚。你的汇报对象在听了或读了你的报告时，如果再能够看看图（若是实物模型，还可以触摸一下），就会更容易接受你的观点。

案例

对图表在商务文案中的作用，曾在麦肯锡就职的埃森·拉塞尔感触颇深：

我刚进公司时，是1989年，早已不是石器时代了，可是公司首先发给我的一套装备就是一盒绘图铅笔、一块橡皮和一套塑料制成的绘图板——上面布满了长方形、三角形、箭头等图形的那种板子。我被告知："别小看这些绘图板，它们是不可替代的，你需要用它们来画图。"

从过去工作到上商学院，我用计算机制表和画图已经有好几年了。面对如此原始的装备，我略微有点吃惊：这是多么鲜明的企业文化面对高技术却缺乏灵活性的例子啊。

然而后来我发现，麦肯锡公司把图表作为一种以易于理解的形式表达信息的手段，而这个绘图板有一个非常重要的作用，它可以使图表简单化，而计算机制图却很容易就把图表变得花里胡哨。

实施指南

如前所述，图表是麦肯锡公司赖以表达信息的一种手段，那么麦肯锡的图表有别于其他地方的图表吗？麦肯锡的图表结构、麦肯锡公司对图表的要求是怎样的呢？

简单为上：一图明一事

麦肯锡的图表以简单著称，而且越简单越好，是独一无二的，每一张图仅能传递一条信息，要表达的意思应该是一目了然。如此，图表传递的信息不仅让对方知晓你讲的是什么，你自己也很清楚。图表越复杂，其传递信息的效果就会越差。

商务文案初步完成之后，你必须把图表再次确认一下：每个图表是否真的仅包含一个信息，该信息是否正确地与次要议题相联结。如果有两件以上的信息要传递，那就分成两个图表分别说明；如果遇见本应很有内容的图表，却不能一目了然时，那就表明有多个信息混杂在其中。如果是单一信息，图表所比较的重点或强调的地方应该都很明确；但如果加入两个以上的信息，整体图表立刻就会变得一团模糊、难以分辨。因此只要彻底执行"一图表一信息"，就能立即把一个个图表全都变简单。

图表的基本结构

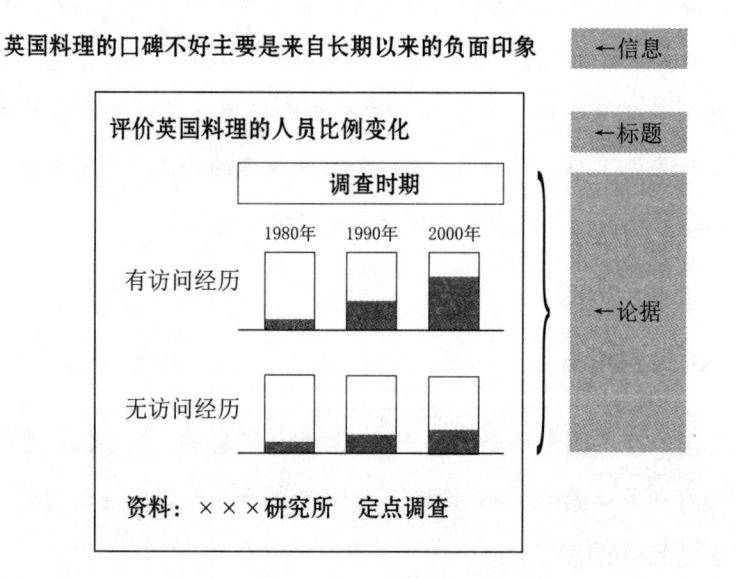

英国料理的口碑不好主要是来自长期以来的负面印象　←信息

评价英国料理的人员比例变化　←标题

调查时期

1980年　1990年　2000年

有访问经历

无访问经历

　　　　　　　　　　　　　　　←论据

资料：×××研究所　定点调查

通过上图可看出，最优异的图表一般是由信息、论据、资料来源组成的。好的标题用一个简单的句子就把图表的要点表达出来了；图表中无声的信息可以通过底纹、箭头或爆炸型的扇形区域等在其他方法中突显出来；资料来源在图表的左下角，当有人问"这些信息你从哪里获得"时，你就可以据此告诉他们。

要想制作好的图表，除保持基本结构完整外，为确保图表能够用得恰到好处，既浅显易懂又具说服力，还需要注意下面三点：一是具备依循议题的信息；二是向纵向和横向扩展应具有意义；三是论据支持信息。

图表不要太过复杂，否则事倍功半

为了画出这些图表，许多人每天都把自己弄得痛苦不堪，其实真正可怜的却是"那些被迫要看莫名其妙的图表而觉得痛苦不堪的听众或读者"。

从经验上来说，人从看见图表，到做出"有意义"或者"理解了"等判断，大约需要15秒钟的时间。我们将这段时间称为"15秒法则"，就是在这十几秒的时间内，人们会对"要不要仔细读这份资料"做出判断。

太过复杂的图表，是没有办法让人在15秒内就完全心领神会的，如果时间截止时，对方仍旧处于模糊不清的状态，那么这张没有传达出明确意图的图表是不成功的，是相当于不存在的、没有意义的。在大型计划中，对整体综合价值进行判断的人，不论是论文的审查委员还是经营者，他们几乎都很忙碌，且对自己很有自信。当他们连续看几张"不具意义"的图表后，会马上关闭心房，视线下移，眼中光芒尽失，比赛就此结束。

当你试着向别人介绍某个图表，只要有人稍微感觉"这个难以传达"，或是"这个不好说明"，你就要考虑重新检查修改，然后再次重复。

图文并茂，但不能花哨得喧宾夺主

记住，你是在就自己的若干建议努力进行沟通。有时，可能你希望用精美的图片来打动对方，但你不是在炫耀艺术品，传递信息的媒介是不应该压倒信息本身的，它妨碍了信息的传递。因此，禁止使用带有一定欺骗性的三维图像和分散注意力的色彩。在制图方面，麦肯锡始终比较保守：除非对阐述图表的要点必不可少，否则，在麦肯锡式的汇报中，你是不会看到五颜六色的图形或三维动画在你眼前做出干扰行为的。

抓住对方眼球的PPT演示文稿

麦肯锡认为，如果在PPT演示文稿中呈现金字塔，将会起到抓住对方眼球的效果。

如果可以选择的话，大多数人都不会选择书面，而愿意选择口头来表达组成金字塔的思想观点。在这些人的想象中，视觉演示就是用PPT演示文稿的形式做报告。在他们看来，此项工作就是把金字塔结构转换成文字幻灯片，根据需要再加上一些图表，然后站起来解释一番。

事情若真的这么简单就好了。可是视觉演示面向的是现场观众，观众的反应是不可预测的，而且他们的注意力还非常不集中。因此，要想勾起他们接受你的信息的热情，你必须懂得让他们集中注意力。也就是说，你必须取悦观众。

✵ 实施指南

既然PPT演示文稿具有这么大的威慑力，设计起来肯定要花很大精力和智慧，有捷径吗？下面麦肯锡就教你设计PPT演示文稿的技巧。

设计文字PPT幻灯片的技巧

文字幻灯片使用的是熟悉的交流工具——文字。制作现场演示用的文字幻灯片时，你需要明白的是，你——演示者，才是表演的明星。幻灯片仅仅是视觉上的辅助手段，其作用主要是让演示更加生动。房间里所有听众最感兴趣的是你，而不是幻灯片。因此，你在屏幕上演示的和你所说的应该是有明显区别的。

实际讲稿如下：

现状

杰克逊食品公司未交订货的数量一直相当高。

在业务领域，公司如果不能完全按订单供货，市场份额下降将不可避免。

造成目前状况的原因之一是生产问题。

供应链流程不合理和管理不善，导致生产问题更加复杂。

供应链和生产流程之间缺乏紧密配合，未交订货问题难以解决，重点客户和重点产品也不能集中保证。

文字幻灯片如下：

```
现状
尚未交付的订货相当多
 • 生产存在问题
 • 供应链流畅不合理
 • 生产/供应链缺乏配合
```

文字幻灯片

由此可见，好的幻灯片总是尽可能直接简单准确地传递信息，而不是把文字（或幻灯片）浪费在那些可通过口头表达的介绍性或转折性语言上。文字幻灯片应仅包含经过适当分组和总结的、最重要的思想（观点、论据、建议等），因此，最好是只用于强调金字塔中的主要论点。

但是对未参加会议观摩的人来说，发给他们讲义要比发给他们幻灯片清楚易懂。于是，为解决这个问题，一些人就想起一种一石二鸟的有效方法——那就是把幻灯片和讲稿融合在一起。这种方法是把讲稿写成大纲的形式，并省略许多过渡性的语句。

制作一张幻灯片的内容，应牢记下列几个指导性原则：

1．一张幻灯片只演示和说明一个论点

除非你想一开始就列出摘要或者列表中的一组论点，在接下来的幻灯片中，你再完全展开其他论点。

2．论点应该用完整的陈述句来说明

而不是用标题性语言来陈述，你可用一两个词或一个简短的陈述句来提出你的观点，例如："销售前景VS销售前景看好"，显然后一种说法比较明确，不会引起听众对你论点的误解。

3．文字应尽量简短

幻灯片文字越简短越好，每张最好不要超过30个单词或者6行字。如果你的思想观点用一张幻灯片难以说清楚，你可以多使用几张。

4．使用简单的词汇和数字

幻灯片中使用技术术语、复杂的词组或者一长串单词，容易使观众的注意力分散。数字也是越简单越好，例如人们记住490万美元要比记住4876987美元容易得多。

5．字号应足够大

你需要牢记，在屏幕上有必要演示的内容，就有必要让观众看明白。幻灯片文字清楚，就有98%成功的可能性，剩下的2%，可能是由于你不应该使用视觉演示。

6. 注意幻灯片的趣味性

幻灯片的趣味性是由布局、字号的选择和颜色的运用来决定的。从外观上看，幻灯片比较雷同，如果堆放在一起，难免会令人乏味。但若是把文字幻灯片看成是在展示文字，而不是在展示数据或图表，那么你就能通过展示思想之间的相互关系，制作出更加美观、让人赏心悦目的幻灯片。

提高趣味性，可以使用逐级展开呈现法，幻灯片的各个部分不是一下子就展现在屏幕上，而是逐一显示，你可以随着演示进行解释，这样整张幻灯片就会显得主次分明。

设计图表PPT幻灯片的技巧

图表幻灯片是通过柱状图、条形图、曲线图、散点图或饼图与接收者进行交流，相对于文字幻灯片，图表幻灯片更直观，更有冲击力。比较理想的图表幻灯片，图表和文字的比例分别是90%和10%，它们各自的作用是：

1. 文字部分说明演示文稿的框架结构；强调重要的思想、观点、论点、结论、建议或要采取的措施等。

2. 图表部分阐明仅用文字难以说清楚的数据、关系等。

由于观众没有时间和机会对幻灯片传递的信息仔细研究并找出各部分之间的含义，所以图表幻灯片应尽量简单易懂。一份幻灯片最好不要超过一个或两个复杂的图表。因为过于复杂、过于详细或过于分散的图表，需要浪费大量的时间去解释，这样会导致没有时间去进行探讨。

制作图表幻灯片的技巧是：首先确定你想用图表回答的问题，然后把答案作为图表的标题（如下图），最后选择最适合表现论点的图表样式。

地区性组织代表的组成相对简单

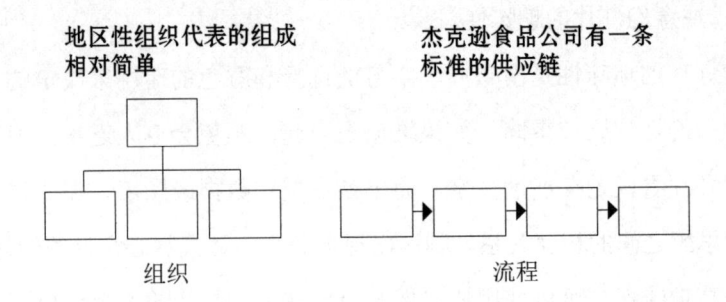

杰克逊食品公司有一条标准的供应链

组织　　　　　　　　　　流程

　　为确保证图表所要传达的信息和给观众的视觉印象相一致，图表的标题语言一定要简洁，既可用一个完整的句子，也可用一个含有动词的短语，所表达的意思一定要能直接传递信息。由于观众关注问题的角度不同，不同的观众又有不同的观点、背景和兴趣，因此，用图表标题直接标明论点的另一个好处是，它能够最大限度地减少混淆。一个好的图表标题，能立即把观众的注意力拉入到你希望强调的数据方面。

　　掌握了文字和图表幻灯片的要求后，你就可以开始制作整个演示文稿了。每张幻灯片写作的顺序，都是自上而下依次为：序言各要素、关键句要点和关键句下一层次的论点。你可以先用最简单的语言将故事梗概写在一张白纸上，之后把它分成几个区域，每个区域都代表一张空白幻灯片，然后再写上你想阐明的要点，并对哪些需要用文字幻灯片，哪些需要用图表幻灯片做出说明。

第二篇 Chapter 2
今天，你失言了吗

　　人类最频繁最广泛的沟通手段就是对话了。在职场之中，那些会说话的人总是比口无遮拦或嘴笨的人吃得开，在麦肯锡公司中更是这种情况，身为咨询行业，若是没有长于他人的口才如何能立足于行业之中呢？很多时候，我们都是因为不会说话、说错了话，导致本应该手到擒来的工作成果功亏一篑，着实令人惋惜不已。

　　这一篇，将从说话逻辑的角度，将会议、访谈、汇报、与同事交流时的语言技巧和需要规避之处做出讲解，希望能助口才有待提升的你一臂之力。

第一章　会议中的说话逻辑

对于获得客户认可的分析结果，麦肯锡的团队通常会采取如下的方案：先在一起进行初步研究后，再进行实际工作的展开。要知道，作为战略咨询必要工具的头脑风暴，才是客户所真正看重的知识财富。

特别提醒您：会议不是简单的各抒己见，头脑风暴也不是简单的谈笑风生，必须注意沟通技巧，你才能得到有价值的点子和结论。

别欲言又止，点子无好坏之分

在英国伦敦"信不信由你博物馆"推出的一项调查报告中，列出了"英国女性恐惧排行榜20强"。结果让人大跌眼镜：公开演讲恐惧排名第三，仅次于失去亲人和被活埋，甚至排在了死亡前面。可见在众人面前将自己心中的观点说出来有时候是多么令人难熬的事情。

但是作为一名职场人士，辩论和发言是不可或缺的事项。如果你想像麦肯锡人一样优秀，你就得开始习惯当众发言。需要你发表意见时，杜绝"我不清楚"这种言论，大胆地把你的观点说出来。在麦肯锡，没有人会因为害怕被嘲笑"这是个坏点子"而不敢发言；同样，假如你不赞同别人的观点，那也别沉默不语，把你的不赞同解释给大家。或许在这个思维碰撞过程中，你们会发现新的思路。当然，脱离议题的发言不算在内。

✦ 实施指南

在团队会议中，头脑风暴式的集体讨论是非常常见的。但是，一旦到了需要某个人来做正式发言时，紧张情绪就开始滋生。很多人都有这样的感觉，尤其是你刚刚入职一个新公司，还不够熟悉环境和同事的时候。其实，公开发言的紧张心理是完全可以被克服的。只要把握好以下原则，不断进行锻炼，就一定可告别自己在会议上欲言又止的胆怯心理。

给自己积极的心理暗示

需要发言时，很多人内心都会产生一种担忧，担心自己的发言内容会引来别人的质疑。这是一种缺乏自信的表现。头脑风暴成功的关键，不仅包括充分的准备，还包括正确的心态。我们要告诉自己：我已经为此议题做了充分的准备，我所说的都是确凿可靠、正确无疑的。在这种积极的心理暗示下，不仅你的紧张情绪会被克服，自信心也会油然而生。

紧张气氛下，让点子自己蹦出来

克里斯汀是一名麦肯锡咨询顾问，他介绍了一种在紧张气氛中掌控大型头脑风暴的有效方法：

我们首先把所有相关人员都召集到一间大会议室里，请大家把对计划方案不满意的地方全都讲出来；一旦他们发泄完不满，再请他们把自己认为合理的计划方案以及能在自己负责的业务单元中应用的方案都讲出来。

这种方法产生的作用有两方面：首先浮现出来了很多我们想不到的优秀方案；其次，帮助那些之前怀疑我们的成员开始认可麦肯锡的解决方案。

抓住点子的头脑风暴法

在头脑风暴中有这样一种尴尬的情形：没有人愿意第一个发言，大家都在等着别人做第一个吃螃蟹的人,针对这种僵持的情况,我介绍两种麦肯锡人经常使用的,在头脑风暴中可带来最大收益的"沉默"的点子技巧。

1. 即时贴练习法

事前给与会者每人发一叠即时贴,请他们写下自己就这一议题所能想到的所有观点,每个观点列在一个即时贴上。然后交给会议主持人读出来。这是一个迅速生成许多好点子的方法。与会者可以只就这里一些有共性的、合理的点子进行讨论,不需要就每个新提出的点子展开讨论。

2. 翻页挂图练习法

在会议室摆上数张翻页挂图,每一张写下一个会议议题。每个团队成员都要沿挂图依次走过,自主选择感兴趣的挂图写下自己的观点。条件允许的话,你也可给每个成员分发不同颜色的笔,这样就能清楚地知道哪个观点是谁写下的。

催生创造性思维的日常练习

大多数情况下,令你在会议上欲言又止的原因是你自己也不知道该说些什么,有种束手无策的心虚感,要想破解这个情况,你就得在私底下多多练习一下激发创造性思维的方法。下面这些建议或许能帮助你产生一些新的视角和观点。这些练习没有特定的次序,因此你可以随意选择自己感兴趣的先进行尝试,并不断运用到自己的生活中。读完这个部分之后,你就可以试着开始练习了。

1. 看你平时不看的报纸和杂志

如果你以前只看国内的报纸,你可试着花几天时间看一些有不同视角和评论点的报纸杂志比如《经济学人》或者《纽约时报》。你也可以买三四本平常基本不会涉猎的杂志,坚持把它们从头到尾看完。相比而言,杂志关注的话题更为广泛,既可以是一些国际重要议题,也可以是一些无关紧要的花絮。当你阅读的时候，尝试着采用杂志里的创意并用来解决你所遇到的问题。举个例子，某期的《时代周刊》介绍了某个公司成功解决它们所在行业的一个问题，那就试试看能否用同样的逻辑来解决你自己的问题，并且试着模拟头脑风暴的场景来做出讲演。这项练习应坚持每个月做一次。

2. 创建灵感记事本

找一个自己喜欢的空白日记本，坚持每天记日记，既可记录当天发生的事情，也可以写写自己随时冒出来的有趣想法，或是你的渴望、梦想，以及任何你想记录的东西。把这个随手笔记当成自己创意写作的练习。如果可能的话，找个熟悉的人，和他畅谈一下这些你记下来的想法，这将有助于锻炼你的表述能力。

3. 每天都用"如果……会怎么样？"的问题来挑战你的头脑

规则很简单，找一个触目可及的普通物体、活动或是任何事情，然后问自己"如果……会怎样？"例如，如果你正在看一台电脑，想象一下如果这台电脑没有键盘（如果不用键盘，电脑该如何输入信息？），或者有两个键盘（如果有两个人需要同时向这台电脑输入信息，电脑该如何操作？）。练习久了，你的思维将会被逐渐打开，当"如果……会怎么样呢"这样的思维模式最终运用到你的实际工作中时，你会发现，解决问题的思路好像一下子变得宽泛起来，很多不知道怎么开口的话都会随着思路一跃而出。

别沉默是金，每个问题都值得回答

从已做的工作中如果你不能提出见解，那就是浪费时间。仅仅是为了绘制图表而绘制图表，为了琢磨数字而琢磨数字，将不会有任何益处，解决不了任何问题。如果你能从中得出一些真知灼见或者有重要发现，让你的团队和客户说："嗯，有意思。"你的工作才能获得认可。

因此在麦肯锡人看来，任何问题都有它自己的价值，不要用沉默来作为你的回答。这就和没有坏点子是一样的道理，即便是头脑中看似与现状无关的灵光一现，也可能会给听你讲话的人带来某些启示，会议过后，让每个人的心中都硕果累累。

✵ 实施指南

当你开口时，其实问题就已经被"回答"了。

你是来参加会议的，不是来旁听的

麦肯锡的咨询顾问会在第一回合的头脑风暴开始前，先做一些"家庭作业"：对来自PD网和图书馆的信息进行阅读，从而整理好这些来自初步研究的"数据文件"，再由合伙人、项目经理或是团队中的高一级顾问集思广益，对团队要进行破坏性检验的初始假设进行设计。

既然你已经做足了准备，就不要在把自己的分析结果用语言描述出来方面显得过于腼腆。你是必不可少的与会人，你身上必须有一股子激情澎湃的参与感，这样才能真的促成"头脑风暴"。

你的沉默或敷衍，会让别人误会你

在会议中，千万不要怕被别人问："这件事为什么要这样做呢？"如果答案是："长期以来，我们都是采取这种做法的。"这样的答案往往是不能令人满意的。因为这个答案辜负了你在头脑风暴之前所做的那些准备工作，也会令别人觉得你准备不足、不够重视这个项目、或是根本在沟通口才上存在障碍。

不要因为害怕被嘲笑"这是个糟糕的回答"而不敢发言

担心不被认可而拒绝发言是禁锢头脑风暴的桎梏。当不被大家所认可时，无论你的想法很一般，还是相当怪异、不现实，都不妨用几分钟来进行解释。要知道，辩论是头脑风暴的重要组成。能够激发你思维的那些矛盾，对于好的头脑风暴是不无裨益的。也许在经过讨论后，那看似不现实的想法，会变得并不像开始时那般糟糕。最起码，大家赋予了你一个表达的机会，这既是其中积极的一面，顺着这个思路发展，甚至会出现一个此前没有想到的广阔天地也未可知。

看似明显或者简单的问题也会很重要，永远不要低估它们

不妨以古老的魔方来看待头脑风暴，用小方块的每一个面来代替一个事实，当进行来回转动时，也许就会出现我们所要追寻的答案，哪怕是其中的一部分。每一个小块可能是看似不重要或简单的，但若是你没有勇气或懒得去扭动这个小方块，那么就难以多方位地转动整个魔方，最终你甚至连一面都拼不完整。这样的头脑风暴注定是失败的。

关注一些乍一看并不值得仔细回答的小问题，有时候确实能帮助你打开一扇能看得到更美丽风景的窗子。比如，当你做一家资金管理公司的项目时，在第一次头脑风暴中，项目组新来的同事问："全世界有多少资金？"你是应该回答"很多"呢？还是花上点时间和精力去研究一下国际资金管理的动态变化？没准儿一些有用的新见解就会在这个过程中产生，而"很多"这种泛泛的没有营养的话是无论如何也不会带来新收获的。

你可以说："我不知道。"

诚实，也是麦肯锡专业操守的重要组成，无论是面对客户、面对队员，还是面对自己。能够勇于承认自己的无知，也是诚实的一种表现，要知道相对于吹牛自大而言，承认自己的无知所付出的代价要小得多。

别先入为主，给思想留一片空白

在面对总结出来的团队基础数据文件时，麦肯锡人的态度会分做两队，其中一队以"不要在对自己已经熟悉的问题和数据梗概进行讨论前形成观点"为自己的观点；另一队则会坚持以"如果不想将过多的时间浪费在对观点的寻找上，不妨就从假设开始"作为自己的观点。

其实，这两队的观点都是正确的。能首先提出一个假设，是一个良好的开端。但如果是作为团队的领头雁身份出现时，即使在此前有一个很好的假设，也不能将它作为答案提出；而应该在进行团队讨论前，首先将其去除，只有这样，团队的领导者才能做到熟练地运用各种事实。

案例

当克里斯汀·艾丽森作为一个新人出现在一次头脑风暴时，她的团队高级项目经理从一开始就要求他们看自己在白板上做问题的分析。所以，一个小时的时间过去了，大家自始至终都在盯着独自进行自己观点演示的项目经理，没人做出有创造性的发言，甚至连一点稍微新鲜的见解都没有。

虽然项目经理的这种做法，从富有经验的过来人角度也许会对问题本身具有一定的启发性，但它却脱离了头脑风暴的范畴——集思广益。

实施指南

头脑风暴要求的是，大家抛弃既有观点，坐在一起进行研究讨论。

抛弃偏见，只带着你的论据进会议室

头脑风暴的关键在于参与，无论是团队中高高在上的合伙人，还是最底层的分析人员。要知道，并不是每个合伙人每天都会比分析人员具有更好的点子。头脑风暴会议要求每一个与会人员都要敢于讲出自己的观点。在头脑风暴会议室中，没有等级观念和尊严，这些先入为主的成见必须被抛诸脑后。召集团队进行头脑风暴的目的，就是对已有观点的抛却，可以带入会议室的只有已知的事实。

你必须认识到：每个人和每个观点都有相等的价值

面对同一个事物，每个人都有其各不相同的视觉角度，从而形成其特有的观点。在头脑风暴会议中，我们所要做的就是提出自己的观点，以便对他人进行激发，但并不一定是作为最终的观点被认可。每个呈现出来的观点，都是属于团队所有的，而不是个人。当每个人都能自由、自信地做出自己的贡献时，团队进行头脑风暴的目的也就达到了。

你还必须明确：头脑风暴的目标就是生成新观点

当团队的所有成员能在会议室内高度一致地重复那些耳熟能详的观点时，你不但浪费了众多的时间，而且还达不到既定的目标。尤为重要的是，当团队的领导者将自己的意识加诸团队每个成员、并得到认可的时候，这个团队也就失去了创造力和寻求更好问题解决方案的机会。

不要让自己的言谈举止像一个火急火燎的独裁者

很多人在参加头脑风暴时犯了一个错误，那就特别想尽快地表达自己的观点，并获得所有人的认同，让头脑风暴在几分钟之内得以圆满完成。然而，产生新创意并不是一场比赛，那样急切而刻意的做法会让其他小组成员觉得压抑，听着你的话就像听着独裁者的命令一样，这绝非在头脑风暴上应该出现的情绪和言行。

正确的做法是，一旦头脑风暴过程开始了，就让你的创意自由流动，如何让它自由流动呢？你要做的就是给自己的思想留下空白，有了这样的可塑造的空间，原有创意就能不断改进，一直到找到足够的、最为合适的、能对手头问题进行完美解决的创意，并对它进行假设性实施，然后再踊跃发言，以便达成自己的既定目标。

别死要面子，敢于扼杀自己的观点

参加头脑风暴，首先需要你做好的心理准备是：你精心预备的会前建议也许一开始就被否决。不管你的观点有多好，但如果与会议最终答案无关，就必须毫不吝啬地将它舍弃。你可以把自己的假设当作一个数据，毫无保留地将其交给团队成员去推敲，看看它是"正确"的，还是"错误"的。这里，最重要的是，你的数据必须能帮助你的团队全面考虑目前存在的问题。

不要在你的假设里放入太多的自尊，也不要企图在会议过程中为你的观点奋战到底。换句话说，心胸开阔一些，勇气鼓足一些，一定要做好自己的假设被枪毙的准备，必要时，还要自己动手扣动扳机，因为不管自己的主意有多么好，有时也需要适当放弃。

✵ **实施指南**

在开始解决这个面子问题之前，你应该先问自己两个问题：

你是否与人唇枪舌剑，只为捍卫自己并不成熟的观点？

要想在头脑风暴时向众人展现出自己绝佳的口才，与人在对立观点上的唇枪舌剑有时候是必需的，但若是在明知道自己的观点不够成熟、有瑕疵的情况下，依旧"死鸭子嘴硬"地抗拒别人对自己的否定意见，甚至转而去攻击别人，那么即便你能口若悬河，也是一种失言的表现，会招来别人的反感。

保持淡定的态度、开放的思维是你在面对"挑战"和"责难"时应有的一种从容和成熟。千万别忘了，你参加会议的目的是与团队成员一同寻找问题答案，而不是凡事争第一。

你为什么这么害怕被人否定

大多数时候，无论在意识层面也好，潜意识层面也好，我们都持有这样的期待、观点或者是要求："我期望别人从来不排斥我，所有人都乐意接受我""我做了一件好事，就该受到表扬""如果被拒绝和否定，就就意味着我不够好""不但没有得到反而挨了批评，就是因为我自己不好""若不能确保一定被满足，我宁愿不表达""一旦我表达期待，就会得到满足，不然我会非常伤心"。这种与人沟通的心理是正常的、自然的，但若是太过于敏感脆弱的话，那就需要及时调整了。

自省的更高境界是自我否定

你要知道，否定并不是一个贬义词。在别人否定你的时候，你也应该重新审视一下自己的观点本身对于项目是否真的有价值、或是它的实现会导致整个项目的失败？这也就是说，在别人对你提出了异议之后，你要在心里对自己小小地进行一下自我否定，比如："我真的说错了？"

自我质疑、自我否定的目的是为了解决自我发展问题，虽然是痛苦的，但却是必需的。人无完人，生活中难免有迷惑性，有时就是需要停下来对自己提出质疑或者向别人请教，经常进行自我怀疑、自我提醒、自我否定一下，才能使自己得到提升，更趋完美。战胜自己就是战胜最大的敌人，一个人如果连怀疑自己、解剖自己、否定自己的勇气都没有，又怎能自称为胸襟坦荡呢？又怎能超越自己，发展自己，走出无知呢？就像鲁迅先生所说的："我的确时时解剖别人，然而更多的是无情地解剖自己。"

别自我否定过头

虽然自我怀疑、自我否定能达到自我发展的目的，但若否定过头，也是不可取的。那种完全或者几乎完全的自我否认、把自己看成一无是处或是一钱不值的"决绝"，会造成过度自卑，从而令人失去面对困难的信心和勇气，在以后需要发言的场合里更加缄默不语了。这无疑是职业生涯的自我毁灭。

别节节败退，用质问力对付故意找碴者

对于那些提出建设性提案的发言者而言，故意找碴者是天敌般的存在。他们顽固地反对不利于自己的提案、故意拖延结论的提出，或是极力缩小提案内容范围的做法，是那些具有良知的职场人士所不能认可的，在美国商业界，他们的做法被称为"D&D"。

对于他们的这些做法，麦肯锡人是坚决抵制和一致反对的，最简单有效的做法就是以质问来进行应对。

❋ **实施指南**

如何对"D&D"行为进行有效反击，是广大职场人士最为头疼的问题。

比如在公司的会议上，正在做报告的你，被一个情绪激动的同事打断，他直接站起来，公然地对你的方案提出反对意见。这时候，该如何去处理呢？

其实处理的方法，无外乎如下四种：

1. 冷静地面对这种情况，妥善地进行处理。

2. 对同事能够提出不同意见表示感谢。因为相对于工作来讲，反对意见的重要性要强过支持，能提出不同意见，这本身就说明同事对我提出的报告进行了认真的思考。

3. 不管他（她）所提出的意见是如何合理、可行，都不应该打断会议的进程。

4. 这样对峙型的交流沟通应该安排在会议之后。

很多时候，面对别人对自己的观点进行"讨伐"时，底气不足的发言人经常会被逼得节节败退，甚至哑口无言。在这种情况下，麦肯锡人是如何应对的呢？

最有效的"反击"方法

在公司的全员大会上，当作为公司经营规划部门成员的你，提出了对员工工资体系和销售战略进行全面改革的构想意见时，其他部门的同事纷纷不干了，人事部的同事认为：工会将会强烈反对该计划的落实执行。营业部的同事则认为：集团内的销售代理公司会因为不满新的销售方案，而脱离集团。如此看来，这一提案的可行性要大打折扣了。

其实，面对这些不同意见，不妨采取最直接的回击质问战略。要知道，新方案执行过程中，如何对工会、销售代理公司进行解释沟通，正是人事部、营业部的职责所在。

这时候，不妨采取以子之矛攻子之盾的方法，将他们提出的不同方案，直接交给提出问题的人去想办法解决落实。

在这里议论的并不是什么重要问题，别太杞人忧天而止步不前

其实不只是在故意找碴者面前，我们可能会对反对意见持有一种惧怕的态度，就连普通的反对声音出现时，我们在心里也有如下担忧："考虑到因判断失误而带来的不良后果，不妨考虑暂缓给出结论。"

首先需要明确的是，普通公司要求出席会议的同事进行讨论的，很多并不是涉及公司命运的关键议案，除非是裁撤大部分部门和员工的议题，否则的话，都是以无关紧要的小事居多。面对这种情况，所有与会者首先应该建立"会议上的议题并不是十分重要的事情，即便是有人不同意我的看法，也无损大局，更不会对我造成伤害，所以在发表自己的意见建议时，要做到毫无怯意、胆大直言"的想法。

另外，在阐述前瞻性的意见时，要及早做出结论，并第一时间付诸实施。这样的话，即使在会议过程中出现什么不顺利的情况，也有足够的时间去进行修改或中止，而不会造成重大的损失。

但是这并不是说，在考虑问题时可马虎对待。虽然考虑问题可以轻松一些，但若是马虎对待的话，将会妨碍自己工作的顺利进行。

别长篇大论，请珍惜别人的时间

时间是头脑风暴的关键。正常来说，麦肯锡人在项目组会上进行头脑风暴的时间通常是两个小时，甚至更多。例如部分项目组的领导会将开会的时间安排在周末，而且会议甚至会持续到深夜。这就让大部分的人难以接受，在他们看来，头脑风暴这项工作既劳心又劳力。

虽然头脑风暴需要时间，但如果时间过长的话，却欲速而不达，导致收益减少。在麦肯锡校友看来，当团队头脑风暴的时间超过两个小时时，其收益就会因讨论气氛的减弱而变少。尤其是在夜间进行讨论时，人们会随着天色的变晚，而表现得疲倦、暴躁，同时其反应也会变得越发迟缓，要知道整个团队都是"夜猫子"的情况是可遇而不可求的。

总的来说，千万不要说起话来长篇大论，不顾别人的感受和身体状况，要在团队出现疲劳状态之前，及时喊停，毕竟来日方长。

✺ 实施指南

一般情况下，公司规模越大，召开会议的概率越高。通常有内部预算会议、决算会议等经营例会，董事会、检查会等商法会议……各种大大小小的会议，占据了工作中相当高的比例。大多数情况下，公司职员在迈出会议室时，常常会发出"白白浪费时间"的感慨，这时候如何做到减少会议次数、珍惜他人宝贵时间就显得十分必要了。这就要求我们尽量缩短会议的时间。

根据"议论"来决策，不如根据"判断"来决策

这里有一个能充分说明表达议论和判断的不同之处的案例：

大前研一，日本著名管理学大师，他曾在1996年时担任耐克公司的外部董事，以下是他的所见所闻：

在一次公司的董事会上，体育事业部的部长提名当时年仅18岁的泰格·伍兹担任公司的专任旗手，毛头小子泰格·伍兹当时正在斯坦福大学读一年级，虽然他是当时美国历史上最年轻的高尔夫业余比赛冠军，并成功地实现了三连冠，但年轻的他也确实属于前途未卜的选手。当时体育事业部部长的提案是要求与他签订金额高达数十亿日元的7年合同，这遭到了会议上大多数人的反对，大家一致认为："一次性签订7年合同，风险过大，应该先试验性地签订1年的合同"，"公司的利润仅为200亿日元，数十亿日元的合同额太大"。

这时候，作为公司创始人的董事长Phill Knight先生提出了自己的看法："我今天见到泰格·伍兹，就如同第一次见到16岁的迈克尔·乔丹在打街球和尚未成名时的撑竿跳高世界冠军希尔盖·布勃卡时一般兴奋，我坚持认为我应该和泰格·伍兹签合同。"

要知道，在商业的范畴中，有很多事情是基于经验和某种感觉来进行判断的，而不是通过进行交换意见来验证。当弄明白决策是取决于会议讨论还是判断时，相信会议举行的次数和时间也就相应地减少了。

按照会议的重要程度来安排自己发言时间的长短

通过持续地对发给公司经营管理人员的内部文件以及他们反馈给公司的文件内容进行分析，从而弄明白本周内往来于公司内部的文件有多少是无关紧要的。

相似的方法同样适用于检查公司内部过去一年中自己提议召开的会议以及奉他人召集而出席的会议的重要程度。

根据会议重要程度的不同，分别使用●（十分重要）、★（重要）、※（可有可无）、×（绝对禁止）来进行标注。

对于由自己主持召开的会议，划分为：

●（十分重要）：及时挽救了公司或部门的危机，带来直接效益的会议；

★（重要）：做出了决策性决定的会议；

※（可有可无）：没有做出任何决策，仅仅是沟通了信息的共享类会议；

×（绝对禁止）：既没有做出决策，也没有沟通信息和达成共识的会议。

受要求或召集而出席的会议，可依如下标准划分：

●（十分重要）：会议内容与自身息息相关，发言具有决策性的会议；

★（重要）：自己不是会议议题的当事人，但拥有独到见解，并进行陈述的会议；

※（可有可无）：自己不是当事人，也没有发表意见，仅仅获得会议的信息和认识类的会议；

×（绝对禁止）：整个会议过程中一言不发，只是聆听，没有因参加会议而产生积极作用的会议。

当自己作为会议的组织者，召集人们进行会议讨论时，要尽量避免举行"※"级和"×"级类别的会议；同时自己也尽量避免参加这两个类别的会议，以免造成自己和他人时间上的浪费。

会议的时间分配也是有套路的

当会议的时间设定为60分钟时，不妨让会议的主持者用开始的50分钟来对议案进行说明，然后展开7~8分钟的即席讨论，最后用2~3分钟的时间来进行结论。

假如你恰好就是主持者，你的发言时间就会占去整个会议的绝大部分时间，这会导致主持者之外的成员无法形成自己作为会议参与主体的意识；如果你只是普通与会者，这几分钟的讨论时间里，若是全被你的滔滔不绝占用，那么这场会议是无论如何也不会在预定的1小时内完成的，其间其他人的讨论无法有效地进行，也就得不出圆满的结论了。

你自顾自地长篇大论的附加影响是什么呢？为了保障与会者有足够的时间进行讨论，可以将会议的时间延长为2小时。但是如果在会议中讨论时间过长的话，常常会出现话题转移的情况，甚至会导致失控现象的产生。所有这一切，将会导致最后大会不能取得最后结论，而匆匆结束。如果不能纠正这些问题，即使开再多的会议，也将无法取得最后结论。

要想通过会议的反复讨论得出最终结论，需要在会议的过程中做好如下几点：

首先，将会议的举行时间定为60分钟；

其次，为便于与会者加深理解，可以使用最初的30分钟时间对议案背景等情况加以说明；

再次，将讨论的时间定为20分钟；

最后，做最后10分钟的结论，同时明确下次会议的时间及会议议案。

这是举行会议时最为合理的安排，为了缩短自己的有效发言时间，你必须有备而来，所传达的话语一定要句句把握住问题点，这时候再进行会议，才能够一步到位，直接开始实质性的讨论。

需要提出的是，即便是确有必要安排全天的会议，也要考虑到让与会者保持充沛的精力。适当的跑题和恰如其分的笑话，能够有效地缓解人们的疲劳，但要做到适度，以便能及时地回到主题。合理的休息安排，如午餐、晚餐，疲劳时的休息，适时的会间休息，正是大家整理思路和活动筋骨的绝好机会。

第二章　访谈时的说话逻辑

访谈的重要性是麦肯锡一直强调的事情之一。事实也是如此，在每一个项目中，与客户进行访谈已成为必不可缺的一个重要组成部分。有效率的访谈也是麦肯锡咨询顾问增长知识、更全面地了解客户的有效方式。

特别提醒您：访谈本身是一种人与人之间的交流技能，我们将协助您掌握并灵活运用它。

有的放矢，准备一份访谈提要

每一次我希望麦肯锡的校友可以帮助我对访谈提出一些可行的建议时，他们都会隔空回答我同一句话："先去写一份访谈提纲吧！"后来我才知道，无论何种项目，麦肯锡都会有一个不变的操作流程，并争取保持目标的统一性——在做访谈之前，必须做好万全的前期工作。或许你只争取到了20分钟去采访一位你很难得遇到的访谈对象，或许很多人十分讨厌访谈，因为它将占用对方宝贵的时间，在这时，若你针对每一位受访者做出周全的访谈提纲，那么在短时间内，你绝对可以从受访者那里得到珍贵的信息。

什么是访谈提纲？总的来说，访谈提纲就是预先整理好想了解并提问的问题和顺序，再由此制定一个有条理的提问目录，也可以理解为预先对访谈进行一个流程结构规划。访谈提纲的重要性不容小觑，它可以使你在访谈前做足心理准备，避免临场的尴尬和紧张，帮助你在访谈时得到最好的发挥，也是让你更有效率地访问到重要信息的策略之一，让你更准确地找到问题的关键点。并且，它可以让你更加正确地引导受访者的思路，避免话题偏离主题思想。

但有时因为环境的不同，很多访谈并不注重这一点，在准备不足的情况下进行访谈，常常会导致访谈者得不到重要的信息，访谈过程中没有引导性和连续性，甚至会因为不正规而让受访者产生抵触的心理。

实施指南

很多时候，我们不能预测访谈的过程中会遇到什么突发状况，也不能完全了解受访者的全部信息，但在访谈前，访谈提纲是最基本的、最重要的操作流程。

访谈提纲一定要简明扼要

不要忘记访谈的目的是为了获取到你想要的信息，所以在有限的时间内，要抓住交流的重点，不要对无谓的事情过多地浪费时间。因此，在准备的提问目录中应该标记出三个左右的重要问题，围绕着这几个问题进行访谈将会大幅度提高访谈效率。另外，不要忘记在访谈的最后问一问这个问题："我是不是还忘了问些什么？"在某些时候，这十一个字会带来意想不到的收获。

访谈提纲内容：你要去对何人进行访谈？为什么要采访这些人？

在跟相关部门沟通、与客户交流、拜访合作企业等时候都会涉及访谈。对此，很多人都能做到在访谈中提供重要的信息，比如顾客、供货商、客户公司的负责人、生产线上的普通员工，甚至是竞争对手。如果你需要得到关于某个企业的实际情况，那么必须向项目对应的、位于第一线的人员进行访谈，尽可能地从他们的嘴里得到准确的消息。对此，在访谈之前一定要先了解你要访谈的对象。

他的沟通性格如何：是一个友善的人吗？还是脾气糟糕的人？若问到他不想回答的问题，他会恼羞成怒吗？再者你要认真思考一下：他是否有发言权？他会不会因为不知情而无视你的提问？这些问题的答案，将会决定你对不同的访谈对象要采取哪些不同的访谈方式。

访谈提纲内容：你需要明确知道所问的问题是什么？

在访谈开始之前，你需要把你要提出的问题按照先后顺序整理出来，并将其简化。在时间不允许的情况下，要随机应变地剔除一些无关紧要的问题。

或许在访谈前你已经了解了一些问题的答案，对此，在访谈中你可以加入一些已经知道答案的问题。这实际上是一个"圈套"，从中你会看出受访者是不是真诚。但很多时候，受访者也会说出一些你知道的答案以外的事情，要知道，答案不是唯一的，它是由很多的细节组成的，也有很多你忽略掉的地方，所以要在提问中，尽可能找到更多的答案。

在你完成了访谈提纲后，有必要找到你认为最重要的问题牢记在脑子里，并在访谈的过程中尽最大能力找出答案。很多时候，答案不会浮出水面，但只要你善用恰当的提问，答案就会很轻易地出现。

对可能余下的访谈时间做一些规划。有时可能会碰到这种情况：当你已经问完了所有的问题，并且得到了满意的答案，但是离预想的结束时间还剩下很多，那么这时你不妨问一问受访者："我是不是还忘了问些什么？"或是"我是不是忽略了什么？"大多数情况下，受访者会回答说："没有了。"但是有些时候，由于受访者对于公司的了解度，他们会很愿意和你分享一些你没准备涉及的重要信息。

访谈提纲内容：从这次访谈中，你真正需要获得的是什么？你试图达到的目的是什么？

对访谈目的的确定性，有助于你持续地完成整个访谈的流程，最高效率地获得你想要的信息，并围绕主题进行自然的表述；更有助于避免大家都发生跑题这种不专业的事情。

访谈提纲内容：了解你和被访者的议事日程，把访谈时间安排好

我想，大部分的人都不喜欢"突击访谈"，所以访谈前的交流是极有必要的。当你作为一名访谈人员时，你的工作之一就是预见并处理好访谈中可能出现的突发情况，从这个角度来说，访谈前的交流恰好具有防患于未然的作用。

充分利用每一个可能给你提供关键信息的人物的沟通机会，最大限度地与他们建立良好的关系。在访谈的前一周，应该把整理好的访谈提纲寄给受访者，让他们有足够的时间做好心理准备和查阅资料，对方也会利用这些时间构思出完善的回答内容。即使采访人员临时添加了一些提问，因为受访者已经大体掌握了访谈流程，他们也会给出完美的回答。

访谈成功的七个秘诀

有一点你可能没有意识到——你每天都在和不同的人访谈。思考一下，对于那些正掌握着你想解决的问题的相关人士中，你与他们进行了多少的交流？最后真的获得你想要的东西了吗？是不是有时候只是一无所获呢？那可能是因为你用错了访谈的方法或是根本就毫无章法可言。

为了促使访谈事半功倍，在访谈开始之前，你就必须掌握一些访谈的窍门，麦肯锡咨询顾问有许多高效的访谈秘诀可供学习：

1. 让被访者的上司安排会面；
2. 两个人一起进行采访；
3. 聆听，不要指导；
4. 复述，复述，复述；
5. 采用旁敲侧击的方式；
6. 不要问得太多；
7. 采用哥伦波的策略。

虽然访谈的目标和背景可能大不相同，但其实流程都是大同小异的。麦肯锡的咨询顾问一直掌握着此原则，并可以运用相同的模式来应对不同的受访者。事实证明，这是最省时并且最高效的访谈模式。

实施指南

任何访谈要讲究策略，想在规定的时间内得到有价值的信息，可尝试以下几个有效的策略：

让受访者的上司安排会面

让上司告知受访者这次访谈的重要性。当受访者得知了上司内心的想法，那么他会对你的访谈多加重视，因此，他会用很多时间来准备与你的访谈，并在访谈的过程中给予配合，这样可以避免困境出现。

两个人一起进行采访

独自一人完成一次精彩的访谈并不是一件容易的事情，你很有可能在忙于记录时忘记你的上一个问题，或是因为短暂的"思维短路"而让访谈偏离主题，也很有可能忽略一些受访者提供的重要线索。在这时，两个人一同访谈的效果会更好一些，可以用分工的方式，这样能避免很多意外情况的出现。并且，在访谈的过程中，观点的不同也会引发出新的话题，挖掘出更有价值的信息。值得注意的是，不管谁负责访问，谁负责记录，都要保证两位访谈者的步调一致。

聆听，不要指导

要知道，你的受访者对自己行业的了解往往比你还要多，所以，他向你提供的信息都会成为有价值的信息。在访谈时，你不要局限于是或否，要开放式提问，这样才会得到更多的答案。当对方并没出现沉默或跑题的情况时，就不要胡乱指导提示，虽然这可能让对方说出你希望听到的结果，但那不是事实，没有实际的参考价值。在不偏离主题的情况下，尽量做到多听少说。

复述，复述，复述

学会用不同的形式复述受访者的回答，这一点在访谈时很重要。很多的受访者并不能有条理地将自己的想法完全表述出来，他们会在谈话的过程中牵扯到一些毫无意义的事情上，或是在关键的话题中模糊不清。面对这种情况时，你可以组织好语言将那些你捕捉到的重要信息复述给你的受访者，这时，受访者会在你的引导下告诉你你的理解是否正确，同时，复述也是让受访者补充信息和重点的一种方式。

采用旁敲侧击的方式

访谈过程中，不要单刀直入地对受访者提出敏感或是刁钻的问题，这样做会让受访者感受到威胁和抵触，会破坏愉快的访谈氛围。这时。不妨在几个重要的问题边缘绕绕圈子，这会让访谈感觉上柔和很多。总之，要注重对方的感受，尽可能让受访者感觉到愉悦和舒适。

不要问得太多

记住，这只是针对某个项目的商业访谈，与一位传记作家的工作性质是不一样的，你无须问得太多，更没有必要把受访者从里到外扒个精光，只要获取到自己在访谈提纲中列出来的问题答案，访谈就算圆满了。你当然可以随机应变地提出一些"意外"问题，但那得建立在受访者乐于主动诉说的基础之上。若是"意外"问题太多，你的访谈也会出现意外，比如受访者的缄默不言、气急败坏等等。

采用哥伦波的策略

哥伦波探长是20世纪70年代美国电视剧中彼得·福克扮演的角色，他常常在结束对嫌疑人的询问之后，慢条斯理地拿起帽子，披上风衣，缓步走房门。每当他走到门口将要离开的时候，他都会忽然地转过身对着嫌疑人说："不好意思，先生，我还有一个问题想核实一下。"通常在这个时候，嫌疑人会露出马脚，这也是哥伦波找到线索的关键。

在访谈中你也可以效仿这一点。每一个受访者在访谈结束后，严谨的心态都会松懈，同样，对你的防备心也会有所减少。趁这时，你可以向他询问你想知道的信息或是数据。当然，你不必像哥伦波探长一样拿起帽子披上风衣，走到门口时再开口询问，你可选择在一两天之后，以"偶遇"的方式来询问，这样看起来会自然很多。同时，受访者也不会有那么强的抵触心，这会使你很轻松地得到你想知道的答案。这一招确实很奏效，但不要太多刻意，不然会适得其反。

访谈伊始，注意规避敏感问题

在不断的摸索实践中，麦肯锡员工总结出了自己的经验：在实际的访谈过程中，最初的影响定下了接下来的基调，所以说，它是十分重要的。

在麦肯锡的访谈逻辑看来，当埋头进入敏感领域时，往往会触及被访者的隐私。所以在第一次访谈时，不妨先从那些平和的一般性问题开始，诸如行业概况等，由浅入深，逐渐地转入具体问题的讨论。这对于促进受访者提前进入访谈状态，建立彼此间的和谐关系是很有帮助的。

✳ 实施指南

那么，在访谈伊始，我们应该做些什么才不会触及受访者的心理雷区呢？

你的受访者的敏感点，你找到了吗

麦肯锡的咨询顾问不会在一开始时就以"你肩负的是什么职责？"以及"你在这个行业已经做了多久了？"这类的敏感问题来作为开端的，因为这都是需要提前做铺垫后才可以询问的深层次问题。比如，面对正在削减的项目进行参与时，或是正在裁员的项目时，如果一开始就提及对方目前工作的年限以及对方对公司的盈利贡献都是不合时宜的。

英语中以"cold call（陌生电话）"来称呼对不相识的人所进行的电话访谈。当熟练掌握这项技能时，能够急速地提高生产力。当你告知对方"我所工作的是正当公司，或是正在进修于大学、研究所，对于涉及的保密内容，可以完全不说，而且所谈及的内容仅用于内部讨论"时，大部分人都会很配合的。

了解被访者的内心目标有助于避免触及其敏感点

虽然每个人都有自己的想法，我们身边的每一个雇员、顾客、竞争对手也是如此。而他们的这些想法正是其内心目标的代表，是希望对其进行完成和促进的。个人的想法不同，彼此间有冲突也是正常的，而访谈人员的任务就是对这些情况做出预见和规划。比如面对自己所采访的对象，在完成自己访谈目标的同时，应该对其所遭遇的情况表示同情，同时在采访的过程中尽量避免提出摩擦问题。

如果敏感话题必须问，那么就利用顺势自来熟来铺垫一下

在访谈开始时，需要采用缓慢的语速和温和的语调；还应先对自己要做的任务和采访对方的原因做个简单介绍；选择开场白尽量避免使用诸如"今天天气很好，是吗？"这种毫无意义的话语，而应该使用"凭借你锐利的眼光，竟然发现这件装饰品上如此隐蔽的瑕疵，可见你对工作是何等投入啊！"这样的恭维话。

这些举措的目的是争取和受访者拉近距离、达成共鸣，使对话能顺利进行，以便能够完美地接合访谈者和他的工作。虽然面对不同的环境，要尽量采取灵活多变的方式，但是提出敏感问题前的沟通，却是必不可少的。

耐心倾听，是你抛出的橄榄枝

麦肯锡咨询顾问在接受访谈技术方面的培训时，一定会学到这一课——"让受访者感受到你在用心倾听"。任何一次访谈，都会有其目的性，其中不乏想了解对方的信息、资源或是经验。所以，在访谈中，访谈者扮演的是"听故事的人"，而不是"讲故事的人"。

当受访者在回答问题时，你要先向对方抛出善意的橄榄枝，让对方知道，你是很愿意去听他讲话的，你对他说的话更感兴趣。要知道，每一个人都有不同的经历，都有独立的思维方式，做一个好的倾听者，不要随意打断对方的讲话。

🔍 **案例**

1997年离开麦肯锡的迪安·多尔曼（Dean Dorman）在通用电气工

作了一年后加盟了一家电子商务公司，后来，一次机会让他成为银橡（Silveroak）公司的总裁兼经营主管。他是一个很有上进心和责任心的人，对待工作一丝不苟，从不食言。但是他成功的秘诀不止这些，他曾说过："倾听是很重要的一件事情。"

他在晋升银橡公司总裁前，曾在在咨询部工作了一年多。在那段时期的主要工作是设定管理计划，对公司提出建设性的意见。在他晋升总裁后，他的第一项工作就是用"看、听、学"的访谈方式来验证自己之前的建议有没有可行性。为此，他利用了两个月的时间，专程会见了各个部门的领导者，并单独和每一位领导者进行两到三个小时的交谈。

由此可见，好的管理者是懂得将时间分配在"听"上。但在现实中，很多大型的企业并不注重这一方面，甚至从未提供过这部分的培训。对于这一点，麦肯锡非常注重，并且一直强调"听"的重要性，在合适的时间针对相关人员专门开设关于"听"的课程。

✦ 实施指南

在与受访者交流时，一定要让对方感受到你在用心倾听，并且要传递出"我对你说话的内容很感兴趣"的信息。

访谈时，随时让受访者知道你在倾听

听说过"麦肯锡咕哝"吗？其实这代表的是在交谈过程中我们经常使用的口语，比如"嗯""我知道"或者"原来如此"这种特殊的语言。我们都知道，这些语言实际上毫无意义，但是它们的出现会证明你在用心倾听对方的讲话，也会给对方鼓励和组织语言的机会。

在倾听的过程中，我们可用适当的肢体语言来表示"你说得不错"，或给予对方鼓励和诱导。当然，这不单单是点点头那么简单。比如，在受访者说话时，我们的身体可以微微向对方倾斜，表情也要根据谈话的内容发生变化。若你真的投入到其中，那么这些动作会自然地流露出来。

当受访者每讲完一句话，我们除了应该点头表示"我知道了"，也要拿起笔做一些记录。尽管有时受访者会讲一些并不重要的话题，在那个时候，我们也要象征性地做做记录，因为这是倾听的一种表现，并且这样做可为记录下重要的内容时刻做准备。

耐心倾听不等于从头"嗯"到尾

值得注意，在使用"麦肯锡咕哝"这门技巧时也要注意"火候"。

麦肯锡公司里发生过一件真实的事情，当时是一位入行不久的咨询顾问访谈一位客户团队中的高级管理员。咨询顾问先是对受访者表示了友好，再开始向对方提问。整个过程中，那位咨询顾问不住地点头，时不时插入一句"嗯""我明白"，并且一直在做记录。他只顾着做一个称职的倾听者，而忘记了自己还是一个提问者。访谈进行到了一半，只听受访者停下口中的话题，问他说："你只会说那两个词语吗？难道是我在访谈你吗？"

为使访谈内容不偏离主题，在必要时可打断被访者

进行访谈时，仔细倾听和适当引导是同等重要的。耐心倾听的"弊端"之一就是把谈话的主动权交了出去，被访者畅所欲言、侃侃而谈，但很有可能会把大部分时间花费在谈论与访谈主题无关的内容上。因此在倾听的同时，必须竖起耳朵，保证访谈内容没有偏离主题。在必要的情况下，可适时切入新的话题，礼貌地引导对方回到正题。

尊重被访者的感受

先从一个故事开题：

项目经理和从海军退役的新咨询顾问一起采访客户团队的领导者，为此，他们策划出了一套很周全的访谈提纲，并在访谈前就一系列目标达成了共识。访谈开始，项目经理让新咨询顾问做前期的铺垫，谁知新咨询顾问为了尽早得到重要的信息，便对受访者问了一系列敏感的话题，并且步步紧逼不允许受访者偏离话题。轻松愉悦的氛围被打破，取而代之的是一场严肃的审讯。最终，受访者表示不予配合，气冲冲地离开了会议室。

是什么导致了访谈终止呢？

其实，大部分的受访者都很愿意配合，但是一想到自己是代表整个项目组甚至于整个公司，心里不免有些七上八下。这时，身为访谈者有必要对受访者的不安保持敏感度，这样做不仅可以锻炼你的商业触觉，也可以与受访者建立良好的合作关系，从对方那里得到你想要的信息。

案例

这个真实的故事是希望让大家了解到一次正规的访谈会给受访者带来多少不安和恐惧：

为了更好地完成客户公司的重组项目，麦肯锡的一位咨询顾问和他所在项目的高级经理特地去访谈客户公司的部门经理。这位部门经理在该公司已经工作了将近二十年，他很担心访谈时自己会出现错误，被公司扫地出门。当访谈者出现在公司时，他就感觉到了紧张和不安，为了缓解这种压力，他主动去给访谈者倒咖啡，但是由于他很紧张，手握的咖啡壶一直抖个不停。见状，他不得不将咖啡壶放下，只见他深吸了一口气后，重新拿起咖啡壶，将壶嘴的边缘抵住咖啡杯，才顺利将咖啡倒了出来。

✦ 实施指南

对受访者而言，绝大部分的访谈者都会处于对自己有利的位置。因为访谈者都带有一定的目的性，有着公司的权力和权威作为支撑，在访谈中不免会带着"官方"的影子。那时，你的职权可能会高于很多人。不妨想象一下，假如一位背负着公司话语权的小部门经理接受你的访谈，他的压力会有多大。

访谈中，善于与对方沟通是确保访谈真实有效的方式之一。但要清楚，"提问"并不是"沟通"的途径。在前期沟通时，最重要的一点是要营造交谈氛围，无论在何时，都要尊重你的受访者，同时，要尽可能地打消受访者的不安和紧张。切记，尊重是沟通的基础，在交谈过程中，不能高傲，更不能处处逼人，要以友善、平等的姿态对待你的受访者。不要让对方感受到压迫感，不然对方很难对你吐露心声。

减轻受访者的焦虑

每一位受访者在接受访谈时，或多或少都会对自己表示自我肯定，他们会期待最终的效果超乎自己的想象。这种心态无形中会给予他们很大的压力。所以，在陌生的环境、面对陌生的访谈者，受访者会对自己所说的一切产生顾虑，这时，紧张的情绪就会产生。

出现这种情况，作为访谈者最好用你敏锐的观察力来判断对方产生紧张的基本原因，并且引导他克服紧张情绪，用沟通营造最理想的访谈氛围。与受访者沟通时，表情要亲切自然，说话要注意语音语调，恰如其分地表达才会在短时间内消除两者间的距离感。相反，如果你的态度强硬、声音犀利，那么对方一定不会对你敞开心扉，甚至会对你有所排斥。

不要"压榨"受访者

首先，切勿去询问每一个受访者都知道的事情。在访谈之前，你一定会对受访者有了充分的了解,当你在设立访谈提纲时,也已经列出了几项重点问题。如果在访谈中,你继续把问题的重点放在行业的专业知识上,那么你会发现,在受访者的回答当中,很多的信息都是你在之前已经掌握的信息。

其次,和填鸭式的教学方法如出一辙,穷追不舍的提问方法也会令人觉得缺乏空间感,当你连珠炮似的抛出自己的问题时,有没有考虑过被访者的感受呢?他们也是如你一般热情如火地想把所有的问题都回答一遍吗?很多时候都不是这样,接受访谈,尤其是商业问题领域的访谈,对很多人来说都不会是一段愉快的经历。他们希望访谈是舒适的、自然的、非被动的,这也就是说,受访者非常需要你做出尊重其感受的言行。没有人喜欢被当成嫌疑犯一样地审讯,若你步步逼问,一定会导致危机的升级,最终,受访者有权利提出不予配合。所以,为了不把自己逼进"死胡同",最好不要扮演"警察"的角色。

所以,不要在访谈的过程中问个不停,好像"榨汁机"一样地将对方"榨干",这样会影响到下一次的合作。切记,每次访谈探讨2~3个话题是较为适宜的。

与受访者分享信息

访谈不仅仅是一问一答,它本质上是一种信息交换的过程,更近乎于朋友间的聊天,受访者在这样的"聊天"过程中一方面希望别人接受自己的想法,一方面也希望自己能获取新的信息。有所付出的时候,每个人都倾向于得到回报,这是一种怀揣期待的情绪,如果你懂得尊重受访者的感受,那么一定不要忽视这点。

再者,"交换"也是访谈的方式之一,受访者向你提供了需要的信息,假设你也有对方想了解的信息时,可以与他分享、交换。我想大多数的人会对此很感兴趣。

总的来说，在访谈过程中要适时地给予对方引导，要让对方感觉到被尊重与被重视，这对于访谈来说是非常重要的。

麦肯锡不接受"我没有想法"这种回答

轻松愉快的氛围是访谈者最为理想的访谈场景，试想一下，受访者谈笑风生、侃侃而谈，与访谈者之间其乐融融，这是多么和谐的一个画面。可在实际生活和工作中，很多的访谈不尽如人意——访谈者硬着头皮追问，受访者表示无话可说，整场访谈一片死寂。

麦肯锡这样认为：只要敢于探索和求证，每一个人总会有很多想法，即使面对的是敏感型的问题，他们也会很完美地诠释。假设受访者一直回避他可能知道的问题，那么不要因此而妥协，因为他们口中的"我不知道，我没有想法"其实可翻译为"我懒得回答这个问题"或是"我很忙，我没有时间去思考这个问题"。对于这种答案，麦肯锡是不会轻易接受的。

对付这种情况，你要做的是循循善诱，慢慢引导受访者说出你希望知道的答案，最后结合对方所具备的专业知识和一些真凭实据，问题的答案就近在咫尺了。

🔍 案例

贾森·克莱因想成立一个新项目组，在此之前，他了解到他们最大的竞争对手的开销远远超过了他们。为了向董事会拿到更多的资金和资源，他想向董事会证明这一点，为此，他想到和自己的团队一起做一个利润表来证明竞争对手开销的数量。他是这样做的：

在最开始时，我团队的成员都表示说："不知道，没有想法。"我告诉他们："我们不知道竞争对手在广告方面的开销，但我们可以推测；我们不知道竞争对手在产品制作成本方面的开销，但我们可以估算产品的单位成本。用这些数据，再和财务报告上的销售量相乘。"

在我的提议下，我们团队做出了一份很周全的利润表，这份表格也有力地证明了我的推测。

✦ 实施指南

与案例中的情形相似，当你在访谈时向某人提出一个问题后，他只是回答："我不知道。"这种交流确实谈不上是真正的交流，着实令双方都觉得尴尬。

只顾及自己说得是否精彩，而不在意受访者说得是否精彩，这不能称为一个优秀的访谈者，所以，当面对"寡言型"受访者时，与对方的沟通是至关重要的。有效的沟通是拉近访谈者与受访者之间距离的一种方式，也是获得第一手资料的关键途径。

不要把与对方交谈当成很轻松的工作，而是要将其当成一个挑战。要知道，你所面临的挑战是方方面面的，包括如何获得重要信息、如何面对突发状况等等。当对方不予配合、不愿意和你分享资源时，你要做的就是采取相应的措施。这就如同一位雕刻家将一块木头雕刻成一件精美艺术品一样，要把所有的边边角角去掉，铲除对方"我没什么可说的"的心态。

值得一提的是，一般"寡言型"被访者普遍分为三种类型：一、不想交谈这个话题；二、不喜欢与人交流；三、不知道如何回答这个话题。下面依次对这三种类型进行见招拆招：

"不想交谈这个话题"，晓之以情，动之以理

把访谈作为结识新朋友的途径，耐心地向对方讲解访谈的目的以及他们的作用，积极地与对方交流有价值的信息并鼓励对方参与到谈话中来。让受访者了解到，这不仅仅是一次简单的访谈，而是为公司解决问题的一个重要环节。如果公司因此更有效率或是创造了利润，而受访者就是提供帮助的关键人士，对他来说这是有利的。

撬开被访者紧闭的嘴虽然是你实现成功访谈的强烈意愿，但是仍要根据现场情况来充分尊重访谈对象的意愿。有的人选择回答"我没有想法"或"我不知道"，这么说的出发点可能是为了保护他人隐私或商业机密，也有可能是因为个人原因不便多谈，无论是哪种情况，当面临尴尬时，开展另一个话题是给受访者最大的尊重，他会对你充满感激。

"不喜欢与人交流"，营造轻松的对话环境

营造轻松愉悦的交谈环境和使用通俗易懂的语言沟通，这对于不善谈的受访者来说是一种很有效的解决方式。受访者中，不乏容易怯场或是语言表达能力不强的人士，他们很难将自己的想法准确地表达出来，所以经常出现尴尬或者冷场的情况。这时，访谈者就要尝试去引导受访者，营造出轻松的气氛让对方消除心中的不安情绪。可以考虑走出正规的会议室，到对方熟悉的环境中进行访谈，这种亲切的举动可拉近彼此的距离，并且能让受访者敞开心扉。可以从受访者感兴趣的话题切入，这样就会顺利地进行整个访谈。

"不知道如何回答这个话题"，重新调整你的问题

很多问题会让受访者感到无从回答，面对这种状况，大多都是访谈者的提问方式出现了错误，或许是问题太过宽泛，让受访者找不到合适的切入点。这种情况下，你就必须根据对方的理解能力和职能范围来适当往具体问题引导了。

值得注意的是，如果你询问受访者"是否问题"，或是询问"多项选择题"，那你获得的答案就会受到局限，当你再继续追问受访者的想法时，他的思路可能在回答是否问题时就戛然而止了，此刻只能回答："我没有想法。"针对这种情况，你可以选择向受访者提问一个开放性的问题。打个比方：若你想知道商家在哪一个季节最忙，但你不确定是冬季或是夏季，于是你问受访者："最忙的季节是冬季还是夏季？"那么得到的答案或许会是："冬季最忙。"或是："我觉得是春季。"当受访者说出这个答案后，他不会在这个问题上过多地考虑。如你换一种提问方式，例如："您认为哪一个季节最忙呢？"你会发现他给你的答案会丰富很多，他会回答说："我认为夏季最忙，尤其是天气晴朗的时候……"当问的问题具有了开放性，获得的答案没准儿会更有价值。

沉默是话语爆发的催化剂之一

当你认为受访者说的答案不够多，或者说得不够全面，那除了引导之外，还有一个可行的方法是你继续用心地倾听，什么都不要说。大多数人对于忽然的沉默是很有恐惧感的，当双方沉默时，受访者很有可能重新拾起话题侃侃而谈，将平静打破。假如受访者已经事先打好了草稿，前面也应该"言无不尽"了，那么这时他们将会说出一些不曾想提起的"知无不言"的事情。所以，"沉默"是让对方措手不及的"秘密武器"，在恰当时机使用"武器"，将会得到意想不到的收获。

如何应付棘手的访谈

事实上，"特别"的受访者数不胜数。不可否认，无论你在访谈前准备得多么充分，在访谈时态度多么和善，你都可能会接收到"身上带刺"

的受访者发出的不友好信号。

对此，麦肯锡总结出了应对棘手访谈的原则：不丧气、不妥协，理智地继续前进。

在面对对方的挑衅时，不能做出委曲求全的姿态，更不能过于愤慨，这两种做法只会助长对方的气势。相反，应该沉着冷静地对待并且分析原因，你的态度会体现出你的专业性和你的人品，进而让对方打消对你的敌意，顺利地进入访谈状态。

🔍 案例

纽约市一家知名经纪行邀请了麦肯锡为其项目进行全面的检查，原因是公司近期的利润率已低于它的竞争对手了，为此，经纪行处于面临亏损的危险处境，上上下下面对的都是裁员的危机。

对于麦肯锡的参与，经纪行不同层面的人自动在短时间内组成了两个派别——支持派和反对派。并且他们气势汹汹，早已做好了"战斗"准备工作。

新任的项目经理哈米什·麦克德莫特计划将经纪行的高级经理及其部门负责人聚集在一起开一次会议。当他走进高级经理的办公室时，只听对方说道："你就是哈米什·麦克德莫特？我知道你，就是你在董事会那边说，我不可能完成成本缩减的目标。没错吧？"

怎样处理眼前这种直接的对抗呢？来看一下哈米什是如何自述他的应对策略的：

他的言辞对我来说很具有针对性，但事实并不是他想象的那样。当时我控制着自己的情绪，没有恼怒，也没有妥协，我只是平静地告诉他你误会了，并且希望他配合我的访谈。

他确实是个"不好对付"的人,之所以这么做是因为他想消灭我的气势。我明白:当遇到了这种事情时,一定不能打退堂鼓,要当面指出他的错误,这样对方才能配合你的工作。

不得不说,这种做法很有效。在交谈过后,他手下的几名反对我的员工主动向我提出了道歉。不仅如此,我们还增加了很多的信任,这对我以后的工作有很大的益处。

❋ 实施指南

在访谈中,难免会遇到一些突发状况,只要你了解到不同问题的解决方法,那么很多难题还是可以轻松解决的。

轻度棘手:你得让自己的访谈态度强硬点

可能在访谈中你会遇到这种受访者——他们对待事物有自己独立的视角,心里明白应该怎么做,但就是不认真配合。他们的态度冷漠或是傲慢,不会正面回答你的问题,虽然不会直接与你发生冲突,但这也是很棘手的状况。

一旦发生这种情况,你一定不能妥协,要拿出自己的"态度"。比如:受访者态度怠慢,那你就要强硬起来,让对方知道,你是公司或是客户派来的采访人员,这是你的任务,如果他不配合,那么就只好采取强硬手段。若对方还是不予合作,那么必要时你可以打电话通知负责人,向他汇报现在的处境。当然,这只是一条建议,要知道,这么做的目的并不是"告密",而是希望通过这种方式得到对方的配合。

中度棘手:不要在一棵树上吊死

有的人可能会告诉你已经知晓的事情,但会有意扣留关键信息,不会告诉你任何实质性的内容,这会让你的访谈陷入僵局。心理学家将这种人称为"消极型激进派"。

对付这样的人，最简便的方法就是间接法，也就是转向其他的信息源，去访谈公司中与其具有相同价值的人，让他告诉你想知道的事情。如果只有棘手的受访者知道这些关键信息，就要请他的上司向其施压了。

重度棘手：公事公办，拿出你的专业工作态度来

有的人则可能不仅不配合你，还会对你表现出非常不专业的工作态度，甚至恶言相向，这部分人是最棘手的受访者，会令访谈者在解决问题过程中工作受到切实威胁。对此，你除了表现出你的专业度之外，唯一能做的只有硬着头皮继续按照流程走下去。因为你在确保自己不会因情绪激动而丢掉饭碗的同时，也要维护公司的利益和形象。

对于这一点你要清楚，你在公司中权力的极限就是你策略的极限。例如，麦肯锡的咨询顾问通常都有最高管理层的支持作为保障，对此，任何挑战他们都可轻松解决。反之，若是你不具备强大的支持作为保障，甚至你的受访者的职位高于你的项目经理，那么在对方向你提出挑战之时，你很有可能会因为局限而屡遭挫败。发生这种事情确实会有一些不公平，但你不用委屈或是气愤，因为人生不会事事如愿。

第三章　汇报时的说话逻辑

大家知道，汇报获得成功并不是一件容易的事。汇报不仅要求你具有较强的语言组织能力，而且还要求你思路清晰，提案有逻辑、有条理，所述内容能够打动接收者；否则你的接收者会越听越糊涂，越听越没兴趣。

特别提醒您：SCQOR故事展开法、电梯演讲都是你必须掌握的汇报时的语言组织和应变能力。

先理清自己的思路，再去讲给对方听

汇报要想获得成功，就必须思路清晰，语言简洁易懂，这样，听众才能听进去，并沿着你的思路走下去。通常情况下，听众在听取汇报时，最常有四类疑问："是什么？为什么？如何做？好不好？"因此，在汇报之前，应沿着这个思路准备汇报材料。

汇报的过程，直接反映思维的过程，如果你思维混乱，就不能清晰地组织自己的观点，汇报就会又杂又乱，听众会越听越不明白；相反，如果你思路清晰，逻辑性、组织性强，汇报也会有条不紊，这样你的汇报就会获得成功。

※ **实施指南**

在汇报之前深入思考实有必要，提前将汇报的内容整理出清晰的思路，是汇报获得成功的一个基本前提。那么怎样才能做好汇报前的必要准备呢？

第一步：确认逻辑结构

你应该确保议题及支持议题的次要议题均鲜明、明确，确保那些用于检验、证明议题的故事结构能够组成金字塔形。分析和验证完成后，个别的图标结构还需要再确认一下。

结构应采取制作故事线的模板，就像解说故事线做说明时一样，选择其中一种方式，把结论整合为金字塔结构，这就需要首先确认一下，看看采用哪一种结构，能够将最终情形清楚地整理出来。

若采用"空、雨、伞"的方法，"空（确认课题）"为前提，"雨（深掘课题）"为承接前提，"伞（做出结论）"为依据前二者做出的结论。如果前提"空"不成立，或者对"雨"的理解存在着很大的偏差，就会严重影响"伞"的整体信息，因此，应重新审视整体结构，没用的部分应毫不吝啬地删除掉。而采用"并列'为什么？'"的方法，在众多并列的理由中，即使有一个理由不成立了，也不会造成破坏性的影响。因此，在运用"空、雨、伞"方法难以整理时，可考虑改用"并列'为什么？'"（也可采取反过来处理的解决方式，但这种相反的处理方式很少）的方法。但无论采用上述哪一种方法，我们都需要确认关键的视觉或者论据，它们应保持既彼此独立，又互无遗漏。

若分析、检查的结果影响到了整体信息，就需要确认一下，看故事线的结构是否需要重新检查。由于我们所有的工作原本就是围绕找出该答案的议题而进行的，因此，即使是各个次要议题分析得出的结论在意料之外，它也自有它特殊的意义，因为出其不意的结果往往更具有震撼力，我们可能会因此而得到意想不到的收获。

我建议将整体流程或用于比较的架构整理成图，这也是比较好的一种方法。由于在脑中同时存在多个架构会使逻辑显得杂乱，接收者在听取文案或读论文时，其接受度会大受影响。因此，整体架构建议只留一个比较好。

此外，在确认逻辑结构阶段，当出现新的关键概念时，如果用旧的说法来做说明，时常会引起很大的误解，因此，我们可赋予其"原创的名称"。例如，通用电气用来自质量管理的名词"六标准偏差"来为本公司经营整体流程的改革办法命名；丰田汽车公司用"广告牌"来为本公司的生产方式的工具取名。结果，这些概念均得到了普及，并且达到写入教科书的程度。当然，取名字十分重要的一点，是一定要锁定在具有相当意义的场合。

第二步：彩排流程

我们平常所说的优秀文案，不是"从一团混乱中浮现出一幅图画"，而是"从一个议题陆续扩展出关键的次要议题后，在不迷失流程方向的情况下，思考也跟着扩展开来"，若我们将目标锁定在这样的形式，将最终信息在明确的逻辑流程中显示出来，其效果会更尽如人意、更理想。

在这里，我建议采用一边彩排、一边整理的方式来琢磨整体流程。我们进行彩排，通常使用下列两个阶段：第一阶段是"看图说故事形式的初稿"，第二阶段是"以人为对象的细腻定案"。

"看图说故事形式的初稿"阶段，你应将图表准备齐全，然后一面翻页一面说明，在彩排的过程中，可逐步修正整体说明的顺序和信息的强弱。这个阶段既可以一个人单独进行，也可以聘请团队成员在旁边观察。由于这个阶段很容易知晓张力不足、顺序不妥的地方，以及需要加强的地方，加上原本的逻辑结构很坚固，因此，可大胆删除会导致问题的图表，而这些少部分的改变，是不会导致故事线或整体信息瓦解的。

"看图说故事形式的初稿"完成后，接下来就是要进行预演，这个阶段，你可以找来合适的听众，请他们来提出宝贵意见，就像正式演出一样。如果主题内容一般，你可以让家人或者男女朋友做听众；问题越简朴就会越重要，你选择的听众最好是未直接了解计划主题及内容的人，因此建议你找几个团队以外、能够提出具有建设性意见的知心好友，诸如同事或者熟人来做听众；如果主题内容不宜让上述人群知晓，那么你可以让本团队的成员来做听众，让他们提出宝贵的意见。若采用这样的方式还不行，那就准备好摄影机，自己对着它预演并录像，然后通过回放录像来看自己的表现，这样达到的效果也不错。也许这种方式可能会让许多人产生反感，但却非常有实效，因为它能帮助你找出令人难懂的迂回说法或者找出自己在说谎时不由自主的坏习惯。

在进行彩排时，如果明明分析以及图表的表达都很清楚，逻辑结构也很有条理，但却有难以说明的话，那可能是故事线的流程中掺杂了多余部分。这时，在说明时要多加小心，以免招来陷阱或误会。

最后，预演结束后，应恳请听众针对"听完之后，是否有觉得奇怪的地方"及"是否好懂"等发表评论并虚心接受。

运用SCQOR故事展开法说服大家

戏剧作家罗伯特·麦基对"故事"做出如下诠释：

"故事"，其本质上是对人生的变化及其理由进行描写。所有的故事都是从人生比较稳定的状态入手，让人感觉一切都是安稳的，并且会永远持续下去。可是突然间发生了一件事，那份稳定被破坏了……接下来故事就会描写主角为恢复稳定，与阻挠他实现理想的"客观事实"之间所形成的冲突。优秀的讲故事者会对主角克服艰难险阻的过程进行生动的描述。主角对发生的事情会深入细致地思考，并利用极少的有利条件做出判断，明知山有虎，偏向虎山行，最后取得成功。……每一个伟大的讲故事者，都能将残酷现实与主观期待之间所产生的内心深沉的纠葛与挣扎处理得恰到好处。

麦肯锡人在对客户汇报时也会变身成一个优秀的讲故事者，因为他们都掌握了一个法宝——SCQOR。麦肯锡人告诉我们：要想说服客户，就必须让自己的演讲具有感染力，就要将故事做结构上的展开，而SCQOR正是一个非常行之有效的架构。它具有逻辑清晰、开场紧凑、过程精彩、结尾简洁有力的特色，很容易把接收者带入情景之中，在促进对方理解接受方面简直就是一块称心的敲门砖。

✵ 实施指南

所谓"SCQOR"，是Situation（设定状况）、Complication（发现问题）、Question（设定课题）、Obstacle（克服障碍）、Resolution（解决、收尾）第一个字母的缩写。我们可将"SCQOR"大致区分如下：SCQ为故事的导入部分，O为故事的中心部分，R为故事的结果。故事的导入部分主要是介绍主角，不管好坏，都要先写出目前稳定的状态，接着是描写出失去稳定后的混乱，确定问题类型，然后针对这个问题类型，确认对主角而言重要的课题是什么；故事的中心部分是描写替代方案的话或实施等课题解决的过程，并描绘如何克服困难；故事的结尾部分是将克服困难达成的提案，定位为课题的解答。一般情况下，故事的导入和结果都比较简短，故事的中心部分篇幅最长。

用"导入、展开、收尾"来做对照，SCQ为"导入"，O为"展开"，R为"收尾"；用"起、承、转、合"架构来做比对，SCQ为"起"，O为"承、转"，R为"合"。

初步了解了"SCQOR"型故事的展开步骤，下面我再对各项要素进行分析。

第一步：设定状况

1. 先介绍主角

讲故事者首先应该介绍故事的主角，并将主角目前的稳定状态呈献给听众。主角既可以是人，也可以是公司、某职位或者某部门，还可以是行业或者地区。其必要条件是，主角即使不是人，也必须是可以采取某种行动，或者拥有某种意愿的主体。例如，《托马斯和他的朋友们》的主角是火车，《海绵宝宝》的主角是海绵，向法人顾客提出的提案书里面的主角大多数情况下是对方的企业等等。

2. 叙述持续至今的稳定状况

在S阶段，最核心的主题是按时间顺序描述主角的状况。"状况"，是指截至目前，不管好坏，主角持续发生的稳定状态。这种状态可以是"持续好的状态""持续不好的状态"，也可以是"没有发生任何事，只是时间流逝"，甚至还可以是"持续不稳定的状态"。

3. 要设定好故事的涵盖范围

通过前面讲解，你已经了解，S的任务在介绍故事主角的同时，还设定了故事展开的涵盖范围。在S阶段，传递者需要将故事结构中舞台的涵盖领域设定好。涵盖范围的设定应根据故事的世界观，例如，如果一个公司要今后进军非洲市场的评估，而你所讲述的内容通篇都是描述欧美市场的策略，接收者肯定会觉得你讲述的内容非常不靠谱。

注意事项：一开场的状况描述要勾起认同感

在S阶段，设定状况时，最重要的相关内容必须与接收者的知识、感情、愿望或者是信念相适应，所叙述的内容一定要引起接收者的共鸣，最好是能够打动他。接收者如果对你的讲述产生"原来你什么都不懂"的印象，就很难再继续接受你下面的故事。相反，若接收者在读完（或听完）设定状况的内容后，产生认同感，认为你所述的内容"对对，你说得没错"，才能接受你继续展开的故事。在这里需要特别注意的是，切不可认为你所设定的相关内容接收者已经了解而不需要再讲出来，相反，正因为他知道了，你才更应该讲给他听。

第二步：发现问题

1. 颠覆现状，但让对方起共鸣

S（设定状况）之后，紧接着就是C（发现问题）。在C阶段，事情发生了变化，它颠覆了S的稳定状态，确认主角问题类型属于哪一种，并把它作为故事的核心来表现。

另外从逻辑表现力的角度来讲，商务汇报大多是在描述解决问题的方法，诸如"不让事物损坏""让事物更好""修理损坏的事物"等。因此，在设计自己的演讲稿时，除会议讨论后所得的总结性话语外，要想有说服力，最好是注重描述一下解决问题的过程，这有助于引起共鸣。

2. 选择符合接收者认知的问题类型

C出场后，S的稳定状态被颠覆，C的作用就是确认主角的问题类型。问题类型是依据故事的剧情而定的，具体有下列三种：

预防隐患型：目前没问题，期望未来不会被破坏。

恢复原状型：对已经损坏的事物不能放任不管，必须修复。

追求理想型：目前很顺利，期望会更好。

如果接收者的认知是"事物已经呈现不良状态"，而你却大肆宣扬

"虽然目前没出现不良状态，但应该追求进步"，接收者会认为"你不懂，事物已经呈现不良状态"，那么，他就很难接受你继续展开的故事，甚至感觉"你完全在状况外""你是外行"。

同样，若你的认知是"不良状态已经明显浮现"，而接收者却依然相信"情况很好，没有任何不良状况，目前没问题"。那么，你应该采取追求理想型的方法将故事展开，才会产生一定的效果。

商务汇报主要是为了促使接收者采取传递者所暗示的行动。因此，传递者不一定非要改变接收者的认知，而是要顺迎接收者认识问题的角度。

第三步：设定课题

C（发现问题）之后，接下来便是Q（设定课题），即发现问题之后，紧接着是必须设定课题，即问题的背后应解决的课题是什么。Q阶段中的课题是依据C阶段的结果来设定的，针对下列三种问题类型来设定适宜的课题：

1. 预防隐患型问题的课题

在C阶段所认定的问题类型如果属于预防隐患型，在Q阶段设定课题时，必然是以下几种中的一个：假设不良状态、诱因分析、预防策略、发生时的应对策略。

假如你要叙述的故事内容涵盖了全部的课题，那么，你最好是依照以上的排列顺序来表现，因为这些策略工作都是累积性的，前面一项没完成，进行下面一项是没用的。因此，当你描述预防策略时，会不自觉地先提到前面的"假设不良状态"和"诱因分析"。

2. 恢复原状型问题的课题

在C阶段如果所认定的问题属于恢复原状型，Q阶段的课题必然是以下几种中的一个：掌握状况、应急处理、分析原因、根本措施、防止复发。

如果客户或上司没有要求，课题必须按以上所提示的顺序来表示。

此外，课题领域是累积的，后面的课题会包含前面的课题。如果你想处理分析原因的课题，就要先把掌握状况和应急处理的课题处理完毕。应急处理的课题不一定每次出现，但掌握状况的课题是绝对不能省略的。因为只有先掌握状况，才会有原因分析。同理，如果你想处理根本措施的课题，你就要先分析原因，并对前面的课题非常理解。处理防止复发的课题也是如此。

3. 追求理想型问题的课题

在C阶段如果认定问题属于追求理想型，那么Q阶段的课题设定则包括：资产盘点、选定理想、实施策略。

其说明的顺序和特性，与前述其他的问题类型相同。

注意事项1：周全地思考所有问题，否则当场被考倒便是汇报的失败。

在Q阶段，是按部就班地铺陈全部课题，还是只讲其中的一两个课题，应视情况而定。例如，在恢复原状型的问题中，你可将"掌握状况"作为主题；在追求理想型的问题中，你可将焦点集中在资产盘点；或者视情况只选定理想，最后再说明实施策略。这当中的关键是看接收者期待你讲什么。

例如，你想把"今天的文案只讲到掌握状况"就OK了，可是接收者却急着给你要答案："哪怕是假设也行，请把原因告诉我。"你回答他："我讲的方案并不是最终报告，目前仅处理到假设不良状态和诱因分析。"他或许会穷追不放："那你认为目前这个阶段，对预防策略你有什么想法？一旦发生你有没有应对策略呢？"因此，你最好用全套的概念来思考课题领域，否则会当场被考倒。

注意事项2：故事的导入部分"SCQ"必须是结构紧凑的，不能松散。

在进行分析时，必须将SCQ（设定状况→发现问题→设定课题）视为同一组，要用全套完整的概念去思考出现在Q阶段的课题。如前所述，SCQ

为故事的导入部分，因此最好要简短，以便接收者很快就进入状态。但如果接收者对于SCQ的认识和理解都不足时，你就应该将解说的篇幅加长，以有利于双方进行沟通。

第四步：克服障碍和解决收尾

Q（设定课题）结束后便进入到R（克服障碍）阶段。O阶段的任务是解答Q阶段所设定的课题，其工作重点是寻回C阶段被打破的安定感，是故事的中心，篇幅最长，占整个故事的60%～70%。

解决问题的过程是故事的精彩之处。如果O阶段有需要处理根本措施的课题，那么，你最好提出两到三个替代方案，并把这些方案的利弊传达出来。所有克服障碍的程序，基本上都把掌握状况和分析原因视为连续性的工作，但状况说明是不可缺少的。

故事的收尾阶段是对课题解决策略的确认。在这个阶段，提出并评估替代方案，并用于解决课题，找回失去的平衡。

注意事项1：什么方法都提出是忌讳，应对策略要聚焦才好。

在讲述解决恢复原状型问题的故事时，O部分须穿插应急处理、根本措施、防止复发等情节。但在现实中却不可能一次就将全部的状况处理完。例如，我们在探索根本措施的方法时，应该先聚焦在根本措施上，之后再做出防止复发的提案，这样接收者才不至于产生混乱。

注意事项2：不需要描述出所有的对策，除非是为客户通读报告书。

为让接收者了解事情的整体状况，除非有特别需要省略的理由，否则报告书里应包括所有已经决定的行动。

若是你一口气将所有的对策和替代方案及相关的实施策略提出来，不但容易使接收者产生混乱，你自己也会乱作一团。因此，最好锁定核心对策，而且最好是三个左右。

锁定焦点的方式根据汇报意图的不同而改变。如果是事前汇报，那么按前述的流程进行即可；如果是事后报告，就没必要聚焦在某个特定的实施策略。

注意事项3：故事收尾要简洁有力，未必要有大结局。

联结未来的展开是R部分的一个重要作用。例如，在R部分，你可以提示这种信息："在本次汇报中，我主要提及恢复原状型问题的根本处理方法。未来，应再考虑防止复发的部分。"

再如，在某个预防隐患型问题故事的展开中，发生时应对策略的重要性你可能没有说明，但是你可在收尾处点出来。总之，只要有留待下次说明的事情，在R阶段你都可以提示出来。

因此好的收尾不必有大结局，但一定要简洁有力，提出的观点或者故事的结局一定要耐人寻味，让听众充满遐想，让听众产生"还有没有续集"的想法。

你是否能胜任"电梯演讲"

设想这样一个场景：

《财富》50强客户的高管们齐聚在摩天大楼的顶层，围坐在圆桌旁，在翘首期待你的智慧之言，为此，你的项目组准备到今日凌晨两点，把你们的蓝皮书归纳到一起，一切都确定准确无误后就整装待发。现在已经到了你为一个大型项目做总结提案的时候了，可是这时一位CEO大步跨入会议室，焦急而遗憾地说道："非常抱歉，公司出现了紧急情况，我不能参加这个会了，我必须去见律师。"

接着，他转而问你："为什么不和我一起乘电梯，在电梯里告诉我你们的新发现呢？"在电梯里的时间仅有30秒，这么短的时间，你能把你的解决方案介绍给这位CEO吗？你能把你的解决方案推销出去吗？这要求具有"电梯演讲"的技能。

所谓电梯演讲，就是"在与人共乘一部电梯的短暂时间内，你能用简洁的语言去说明白负责项目的摘要"。

电梯演讲对于客户群体为高层管理人的顾问或大规模计划负责人来说，是不可缺少的技能。这项技巧就是用20～30秒的时间，把复杂的计划摘要整合并传达。其他职业的人也可以通过这个测验测试出自己对于计划、企划或论文真正的理解程度，可以测试出你的产品或观点是否足够让人感兴趣，向他人进行说明甚至推销是否已经能打动他人采取行动。如果你没有通过电梯测试，一方面说明你的表达能力不够火候，另一方面还表明有关问题不给力，没有勾起他人采取行动的欲望。

🔍 案例

麦肯锡公司曾经为一家重要的大客户做咨询。一次偶然的机会，该项目的负责人在电梯里遇见这家公司的董事长，该董事长随口问该项目负责人："你能不能说一下现在的结果呢？"由于该项目负责人没有一点思想准备，再加上在电梯里从30层到1层仅有30秒钟的时间，该项目负责人没有把结果说清楚，最终导致麦肯锡公司失去了这家大客户。这是麦肯锡公司受到的一次沉痛教训，从此以后，麦肯锡公司对员工的要求又增加了一项内容，那就是凡事要直奔主题和结果，用最短的时间把结果表达清楚。

由于电梯演讲能够保证高管们有效利用时间，因此，已被许多公司使用，例如，宝洁公司对经理们备忘录的要求是：每次篇幅不得超过一页；好莱坞的一位制片人通常会告诉剧作家他的新剧本"快被枪毙了"，然而，在30秒钟后，如果剧作家发表的言论能让制片人非常满意，那就有可能获得与制片人进行更深入交流的机会，这桩买卖甚至就可以成交了。

✻ 实施指南

那么，怎样才能把6个月的工作成果用30秒钟的时间介绍出来呢？

电梯演讲的准备工作：充分理解资料、清楚自己的方案

交给你的时间很短，因此，你必须完全清楚你设计的解决方案（你的事业或产品），只有这样，你才能有办法用30秒钟的时间，把你的理念简明扼要、准确无误地阐述给你的客户（顾客或股东）。

如果你无法精确明白地阐释自己的观点和想法，那么，要么是你的逻辑结构不够清晰、准确，需要再考虑考虑，理清思路；要么就是因为你对资料还没有充分理解，还需要进一步熟悉熟悉再熟悉。

电梯演讲的第一要则：开门见山地亮明结论

如果你在乘电梯的时间内能够把自己的结论阐述清楚，那么你的电梯演讲就通过了。

由于结论在组成金字塔结构的故事线中应该排列在最高层，如果你采用"并列'为什么？'"的形式，那就传达所依据的"WHY"；如果你采用"空、雨、伞"的形式，那就分别传达"空"（课题是什么）"雨"（对课题的认识）"伞"（问题的答案是什么）的结论就行了；如果你的课题还处在分析或验证过程中，那就传达你对当下的看法。

例如，如果你向老板提出的结论是：现在不景气的××领域不该考虑退出，而该领先竞争者，应尽早开始M领域的业务。那么运用金字塔原理，你该这样分条逐步阐述你所依据的"WHY"：

1. ××领域虽然不景气，但由于是我们公司的原点，不可轻易退出。原因是：

（1）××领域与其他新核心业务有联动效果；

（2）××领域即使从中长期愿景的观点来看，自家公司也不可避免地需要应对。

2. 在××领域中，M业务对我们公司而言是应锁定的目标。原因是：

（1）基于现在的趋势，以新切入点来看，M业务具有大量的潜在需求；

（2）要处理M业务需要A功能和B强项，但其他竞争者都不符合条件；

（3）游戏规则可能因为我们公司参战而完全改变。

3. 我们公司应该尽早展开M业务，建立竞争优势。原因是：

（1）我们公司是唯一没有结构障碍的参加者；

（2）不只有经济上的冲击，对其他业务的综合效果也很可观；

（3）国外潜在的竞争动向已经逐步明显，应该构建先抢为赢的优势。

从上面的案例可看出，由于结论的重点并列在上方，相同结构的各项重点也会排列在下方，因此，你可以依据对象或测验时间，准确地判断"什么内容、该说明到什么程度"，以免让接收者因"看不出结论"而产生焦虑的情绪，你还可就对方想进一步确认的部分，继续进行扩展或深入。

电梯演讲的关键：重点谈带来最大收益的3个问题

麦肯锡认为，一般情况下，人们最多能记得住一二三，而记不住四五六，因此，凡事要归纳在三条以内。每个问题的建议及其带来的收益是客户都想了解的。如果你的建议有很多条，那就从你的团队最先讨论的问题谈起，侧重谈最为重要的、能带来最大收益的三个课题。如果时间充裕，你还可以谈支撑你论点的数据。

想获得认可，就先学会读心术

在麦肯锡时，杰夫·萨卡古茨便领悟到：咨询顾问的职责，其实不是绘制精美的图画，客户花重金想购买的也不在于此。他到了埃森哲公司后仍继续倡导这一点：咨询不是搞分析，而是提出见解。

但是想让你的见解获得客户的认可，却要比提出见解难得多，你不懂点"读心术"是不行的。在读心这项超能力上，麦肯锡人似乎有着天生的遗传基因，他们的聪明不仅体现在对项目本身的处理能力上，还体现在向客户汇报时的善解人意。

✵ 实施指南

具体来说，你需要在哪些地方进行读心工作呢？

必须获得客户团队关键成员的认可

咨询顾问所从事的工作，是把互不相干的信息经过分析、提炼，提出能够解决客户问题的见解或者方案。当咨询顾问的每一个分析都通过"那又怎样"的检验时，那就是他能够提出最恰当的见解。虽然你搞的客户资料调研和数据分析都很重要，但最重要的还是客户，即客户团队中负责该项目的主管。他对状况比我们更了解："对于给出的任何建议，我们将面临怎样的障碍？""谁是主要的决策者？"因此，如果没有获得客户参与和认可，提炼这一步骤是不可能完成的。

如果客户能对我们的计划表现出极大热情，那么就基本可以实现全过程的密切合作，等到汇报演说之时，你的方案拥护者绝对比反对你的人多，取得了关键成员的认可之后，我们演讲的可信度也会大大提高。因为你已经通过抓住关键成员的心而抓住了客户团队其他成员对关键成员的信任而附带给你的信任感。

你的提案内容必须符合对方认知的问题类型

当你的提案被设定为"解决问题的策略"时，最好换位思考一下，站在对方的立场考虑，这样你设计的汇报内容才能与对方频率相同。例如，在购买商品或服务时，买方决定是否采取购买行动的关键是：购买之后所产生的效益与成本是否能平衡。尤其是高价，即高成本的商品或服务，如果不能产生相应的效益，买方就会举棋不定。因此，推销这些高价的商品或是服务，只有能够解决买方的关键问题，才能获得成功的希望。通常来看，具体负责项目实施的职员，其精力和着力点多半会集中在眼前的问题。这些问题在多数场合里，要么属于恢复原状型，要么就是属于预防隐患型。处理眼前迫切的问题固然理所当然，但响应对方的期待也很重要。客户往往对某个项目所期望的并不是短期收益，而是稳扎稳打的现在和充满光明的未来。

1. 客户不想赔一百万胜过想赚一百万

通常情况下，我们往往将高价商品或服务定位成预防隐患型问题，就是因为在心理上，比起获得利益，一般人更希望能规避损失。一般情况下，与得到一百万的喜悦相比较，失去一百万的悲催对人的心理所造成的冲击会更大。因此，一般人宁可不要得到一百万的喜悦，也不希望自己有失去一百万的风险，因此他们更希望自己能规避"失去"。其实这样的心理现象在日常生活中是普遍存在的。行为财务学学者、2002年诺贝尔经济学奖得主丹尼尔·卡纳曼等人所提倡的"前景理论"，就是探讨这种心理的。

因此，与希望获得利益的追求理想型问题解决策略相比较，接收者在心理上更容易接受把高价的商品或服务定位成能规避同额损失的预防隐患型问题策略，下面看一则从成本效益与迫切性双管齐下，最终获得成效的例子。

Z先生是某大型银行的投资部门的业务员，负责法人顾客。刚开始的时候，Z先生面对某位客户，花了一些时间向客户推荐几家并购目标，并说明通过企业并购，可大幅度提升营业额、更进一步促进公司成长。可是，客户听了Z先生的说明，态度却显得迟疑不决。于是Z先生就改变了提案的定位，又开始介绍可以避免成本扩大的并购案，结果引起客户非常大的兴趣。也就是说，Z先生发现提升营业额的追求理想型问题解决方案无法打动对方，他就把高价的商品（服务），定位成回避损失的预防隐患型问题，终于奏效，引起对方的兴趣。

当我们想处理恢复原状型问题，即在修复不良状态时，有些时候问题确实庞大，但是不良状态在大多数场合里，都仅仅限定在局部而已。比如，大楼的空调系统坏掉了，只要将特定部位的零件更换掉即可，没必要对整体系统做全面翻修。

2. 具有前瞻性的东西才是公司高层的关注点

并不是把所有的提案定位成预防隐患型问题的策略就万无一失。某些情况下，把提案定位为建议追求理想，会有更多的好处。如果你的策略是解决预防隐患型问题的，公司高层会觉得"理所当然"；如果你的提案是恢复原状的根本措施，即使能得到公司高层认同，他们顶多会觉得"改善不良状态是理所当然的事"，并不会引起他们的兴奋点。

为什么呢？就是因为成长策略是多数的经营团队想要的东西，经营团队大多期待的是："还有没有其他更具前瞻性的东西？"因此，如果你的提案针对的是公司高层，追求理想的要素一定请你记得加入。

别把自己的想法强加于人

根据麦肯锡多年的汇报经验我们知道：为了增加说服力，你千万不要对自己认知的问题类型固执己见。另外，你不必想方设法地去改变对方的认知，相反，迎合对方的认知才是你真正正确的上上策。

说话时，一定要表现出尊重对方的意见，若你表现强势，语气过于强硬，对方对你提出的方案就会更加抗拒和反感。

✷ 实施指南

没有人喜欢被人强迫做一件事情，或接受推销。人人都喜欢按照自己的想法行事，都喜欢别人征求自己的意见、建议、愿望和需求，喜欢别人按照自己的意愿办事。尤其是你如果长期站在高处处于主导位置，就特别容易会产生强迫人的作风和态度，无论工作还是私下，你都会"施于人"，觉得别人听从自己、接纳自己、服从自己都是理所当然的。

但你在面对客户进行汇报时也能展现你一贯的"硬派"作风吗？当然不行，客户来你这里要的是最佳方案以及贴心服务，并不是来听你的批评指导、享受你的颐指气使的。

很多职场人士在面对客户的时候，会对以下矛盾愤愤不平：我这都是为了你好，为什么不按照我的想法来做事、按照我的计划来实施？你的心里很委屈，特别是你精心准备的发言被客户无情打断时——"我觉得这个方案不太适合现在的情况""我觉得你说的东西和我们公司没有太多关联""对不起，你刚才说的方案我认为可行性为零"。

面对客户的"刁难"，你会做何反应呢？尽情地表露出"我的方案才是最好的，你们什么都不懂，就是因为什么都不懂，所以才找到我们帮你们出谋划策的，如果不执行我的方案，你们公司一定会难以提升，甚至处境越来越差。"当你想这么说的时候，请三思而行，因为这种把自己的想法强加于人的行为是非常幼稚、缺乏职业操守的。

面对这种针锋相对的情况，你做出的第一反应应该是令思维瞬间回到项目问题本身，从你掌握的一手信息开始"翻阅"，去发现那些刚才客户提出的质疑点是否真的存在而被你忽视了。因为很多时候，我们的思想是有局限性的，即便是深思熟虑之后诞生的问题解决方案也可能并不全面或适宜。

如果你意识到了客户不接纳你的方案的原因是出在你的身上，你就应该给自己、给团队留有商量的余地，态度坦诚地认同客户的质疑，虚心接受指教，并与客户沟通好下一次交出合理方案的截止时间。

第四章　与同事交流时的说话逻辑

能在一处共事就是一种缘分。一天24小时，我们至少有三分之一的时间与同事相处，因此，在现实生活中，处理好同事关系也是提高我们工作和生活质量的一个重要组成部分。由于同事往往来自不同的环境，不仅在脾气、性格上存在着不同，其观点、信仰、态度等也不会相同，再加上同事之间存在着上下级关系、竞争关系等，使得日常相处变得极其复杂。

特别提醒您：人与人之间是通过语言和行动交流的，懂得语言艺术的人都能够与同事、上司相处融洽。

有沟通才有效率

如果缺少沟通，任何团队都无法正常运转。但是在实际操作中，沟通的重要性却往往被低估。比如说，很多团队领导者在未得到充分的事实证据之前，不是先耐心倾听，而是花更多的时间说教，如此往往导致仅依据个人主观意见来做决策，出错的概率自然大大增加。

因此，在做出决策前，领导者切记应张开两只耳朵倾听。在沟通过程中倾听、表达的分寸都应拿捏到位，说得太多或者交流不够都不能保证沟通的切实效果。这个过程就像烤牛排，需要掌握好火候。火太大，牛排会被烤煳；火候不到，牛排又会半生不熟。

虽然没有放之四海而皆准的最佳沟通方式，但麦肯锡的校友们始终在沟通这件事上持有一致看法，那就是"做比不做好，做多比做少好"。多说几句顶多让对方觉得你太过细致，除非过度沟通走向了极端，否则，当你因提供了过多的信息而使忙碌的高管心烦意乱发牢骚时，你不必为此太过内疚，因为你知道起码整个组织为此付出的代价并不高。但少说或该说时不说却往往容易导致信息不充分，带来不必要的误解，团队成员之间会因此产生距离感，团队士气会被破坏，管理成本也会随之大大增加。而我们之前为了节约时间没能充分传达的信息，往往在事后需要花上数倍的时间去补上。

为了有效主导内部沟通的频度和方式，每一个组织都会着力构建起自己的"沟通文化"。比如麦肯锡内部经常会听到如下特定用语：期限到来之际、那又怎么样、客户影响等等。同时，一些惯有的风格也在员工之间潜移默化开来，比如24小时内答复、将问题分为3类、电子邮件都很简短等等。

顺畅的日常沟通使信息流的边际成本变得很小，电子邮件、内部网络、语音信息这些现代化通信工具的普及，也使得日常沟通成为一件日益轻松、容易的事情。

✦ 实施指南

下面我们将探讨一些具有普遍性的沟通原则，提出一些具体可行的措施，尽可能地帮助你培养自己与同事的沟通能力，并改善所在团队的沟通状况。

第一步：开展正式的倾听培训

人们都习惯于说得多听得少，在管理领域，这个习惯会导致沟通问题的出现。在做某个重要决策之前，若我们没能充分倾听相关人员的意见，或许会因缺乏重要的事实依据而冒决策错误之险。同时，相关人员也会因为自己的意见没有得到重视而产生对变革的抵触。尽管大多数的首席执行官都意识到了倾听的重要性，但是在大多数的学校课程或公司培训中却并未拿出专门的时间用于开展正式的倾听培训。

在对一定数量的麦肯锡校友进行了调查之后，我发现：

大部分人离开麦肯锡之后，在新加入的公司或组织中所获得的人际交往培训机会远比麦肯锡的少。当然，并非所有的企业都属于知识型行业，但是，企业培训正在日益成为获得竞争优势的来源也是大家公认的事实。

大部分企业都会为培训付出庞大开支，但这其中用于倾听培训的部分占比很小。在这方面麦肯锡不会节省开支，它经常性地借用外部专业咨询顾问的力量，来帮助自己对企业内部的沟通状况做出诊断。

第二步：启动一项职业性格测评的计划

这项计划将同时被纳入企业人力资源管理的内容当中。首先，你需要为企业找到恰当的测评工具。麦肯锡采用的是职业性格测试，这项测试着重于评价个人的基本性格和沟通风格，更具体一点，它评价的是个人的交往类型、解决问题的方式及敏感性。大多数新进公司的咨询顾问（甚至他们的配偶或其他重要相关人物）在各自职业生涯的早期都接受了这项培训。仅仅熟悉自己的沟通风格还不够，我们还需要理解他人的独特风格，只有知己知彼，沟通的时候我们才能听出对方的弦外之音，知道对方真正在说什么。这项工具也可用来评估部门成员或某个项目团队之间的个性差异，从而明确处理冲突的策略，更好地解决沟通障碍。

你本人可以先做一次职业性格测试，如果愿意，也可以测评一下你的配偶的有关信息。看看你自己的性格类型、沟通风格是什么。借由这个测评结果，你可以考虑一下未来如何更好地处理与同事、配偶之间的互动沟通，还可以规划一下如何更好地拓宽自己的沟通能力，以及在与他人的交往中如何表现得更从容。

第三步：建立一套人际技能培训计划

当今职场，误解无处不在、无时不在。沟通是一门艺术，处处有推理、时时有玄妙，微妙的差别无处不在，要如愿传递我们的信息实非易事。重要的不在于说了什么，而在于如何说。而每个人个性、文化背景和思维习惯的不同，又使得"如何说"这一关键问题变得更为复杂。

为此，麦肯锡专门建立了一套人际技能培训计划，用于降低团队间的误解概率。培训主要针对三方面：第一年侧重角色扮演互动培训，第二或第三年侧重高级人际交往技能培训。另外，被大多数项目团队广泛应用的职业性格测试也包含其中。这些培训内容的设置，表明了灵活进行口头沟通的重要性。

每个人都有自己独特的沟通方式，这来源于各自的成长经历、教育等不同习惯。在与同事和客户的日常沟通中我们会发现，一些细微之处比如用词和语调，会对沟通的效果产生重要影响。因此，我们有必要找出自己沟通时的不足，并尽力改变。正式的培训计划对于改变自己会有所帮助。学会在沟通时字斟句酌、深思熟虑，有助于培养我们的沟通技能，对于我们更好地与父母、配偶、朋友和身边的人自在相处也会有重要影响。

第四步：反复宣讲公司的价值观

企业成员共同的价值观具有导向、约束、凝聚、激励及辐射作用，是一个企业生存发展的必要因素。良好的企业价值观能激发全体员工的热情，统一企业成员的意志和欲望，使团队成员都能齐心协力地为实现企业的战略目标而努力。因此，企业在准备战略实施时，应先通过各种手段不遗余力地宣传企业价值观，使成员都能理解它、掌握它，继而自发自觉地用它来指导自己的行为。

以正直为基础的商业价值观，以及遵循此基础建立起来的商业戒律，比以往任何时候都更为重要。一家发展中的企业需要不断跨越和连接不同文化、不同国度，沟通的范围和速度随之不断变化。在这种情形下，一套严格的、经久不衰的商业价值观是必需的。它能指引企业在日益复杂、充满挑战的形势中保持正确方向。

团队士气：热情比能力更重要

对于首席执行官而言，保持团队士气是一项自始至终的责任。如果这一点被忽略，团队表现必将很差。

麦肯锡管理咨询顾问公司前资深项目经理阿贝布雷·贝格认为："我不确定每一次的团队联系是否都那么重要，但是，团队在一起工作一定要愉快。在一个项目进行的过程中，要确保每一位项目成员都感觉到被尊重，或是他们的主张得到了尊重。这都是必要的。"

因此，你需要确保自己在与之谈话时随时关注、了解团队每位成员的感受。

案例

艾森·拉塞尔是《麦肯锡方法》一书的作者。对于团队士气的重要性他深有体会：

有一段时间，我参与了麦肯锡的两个项目，但是这两个项目的结果都不是很好。这两个项目都涉及客户的政治斗争，因此，麦肯锡的团队像一个足球，被客户公司的几个派系之间相互踢来踢去。最终完成了其中一个项目之后，我意识到我们做得不好，但却不得不开始下一个项目。坚持到另一个项目做完后，我就决定辞职了。为什么会出现这样糟糕的结果呢？我认为原因就是士气不佳。

那个差劲儿的项目经理错误地采用了蘑菇种植法进行管理：在黑暗的环境下不断施肥。

我们这些团队成员从头到尾没能了解项目的进程，也从来没有感觉到自己所做的一切对客户或团队有什么价值。与此相反，另一位优秀的项目经理维克则在整个过程中始终让我们了解项目的进程，如果他不知道，他也会如实地告知我们。当我们了解了客户的政治派系（实际上我们能理解这一切），工作就被大大简化了。同时，我们知道维克的大门始终是敞开的，他既引导着客户也引导着我们。

在激励并要求所有人拿出自己的最佳状态这件事上，马文具有高人一等的天赋，他总有方法让公司的所有成员都感觉到公司和工作的重要性。他永不停息地使用各种方法来营造这种氛围，比如随口的评论、亲自撰写的备忘录、培训会议上的宣讲等等。必要时，马文也会使用黑脸。比如，他认为点滴时间都是不可以浪费的，身为咨询顾问就应该将午餐时间利用起来，联络潜在客户或者老客户。假如麦肯锡的咨询顾问和朋友一起去了马文恰巧光顾的餐厅，他可能会把这个员工当成一个不善于管理时间的反面典型而树立起来，以此提醒整个办公室的人午餐不是社交时间，而是公司人员有效利用起来的最好机会。

✦ 实施指南

针对如何通过谈话保持团队士气，麦肯锡的员工们提供了一些简单易行的建议：

把握团队的温度

要把握好团队氛围的温度，太热或者太冷都不会让人感觉舒适，它要求的是负责人与团队成员保持联系，并确保他们在每一个充满挑战的项目进程中都保持士气和热情。在恰当的时间与你的团队同事进行交谈，注意发现他们对于手中的工作有无疑问，若他们不知道为什么要这么做，给出合理的解释。如果发现他们不高兴，赶紧采取安抚措施。

掌握稳定的过程

对于团队应该优先处理哪些事情等这类重大问题上，如果作为负责人的你总是改变主意，你的团队将很快迷失方向，士气也会迅速低落。因此，你首先要自己明确目的、尽量保持方向不变。若是你需要多一天的时间把目的想清楚，那就多一天；如果确实需要进行大的改变，那就向你的团队解释不得不变化的原因，尽量让他们参与讨论，或者至少也应该让他们明白你思考的过程。

让你的团队明白要干正在干的事情

一定要让你的团队明白，为什么他们要干眼下这个正在干的事情。每个人都希望自己眼下正在干的这件事情对于客户是有价值和裨益的。假如团队的负责人觉得正在干的事情毫无价值且将这种想法传递给了团队，团队的士气将瞬间消失。因此，万万不能让你的团队中的任何一个人产生这样的感觉："我耗费了一个月的生命，却什么价值也没创造。"

把你的队友作为亲人来了解

他们有什么个人爱好？单身还是已婚？有孩子吗？通过谈话了解了这些具体的情况之后，你能更好地理解他们。当然，你自己在这方面也要与大家共享，这种生活化的共享更容易让你的队友把你认同为"我们"中的一员，而不是"他们"。毫无疑问，把队友作为亲人来了解，是比带他们出去打篮球更方便、也更有效的一种团结团队的方法。

比尔·克林顿策略

当日子实在难过的时候,不妨试试比尔·克林顿的办法,默默地坚持着。问题很困难、客户也很难搞的时候,除了安慰你的队友"我能感受到大家的痛苦"之外,你其实也没有其他可以做的。你只能默默地熬下去,某种意义上说,这就是生活。耗费几个月甚至半年的时间来解决一个复杂的商业问题并非简单之事,然而,如果你坚持,并且在此过程中一直遵守着保持团队士气的法则,至少在熬过了这个项目时,你的团队不会提出集体辞职。

同事,是对手也是朋友

对于麦肯锡来说,团队活动是必不可少的,它是联络团队感情的最佳方式。或许商业的本质就是冷漠、一路向前、更注重结果,更是充满团队成员之间"我上位、你淘汰"的竞争的。所以,有时候我们会突然发现自己正置身于一个生硬的团队当中,周围都是虎视眈眈的对手,这会导致我们总是更注重谁胜谁负的结果,而忽略了相处过程中的美好,以至于在与同事交谈方面显得很不友好,更别提建立什么私人感情了。

麦肯锡前任总裁顾磊杰很注重团队私人感情的构建。他说:"团队成员之间相处融洽,团队的效力就会更好,每一位置身其中的成员也都会感觉更舒适。这是一条真理。作为团队领导,我们应该多创造使团队成员联络感情的机会,只要别让它变成一件让人乏味的事情就行。"

✦ 实施指南

想要与同事在工作之外和谐相处、相谈甚欢，你需要精心营造出一种好相处、很轻松的聊天氛围。某一个项目自开始到结束，少说也得有数次这样的活动：比如去看一场欢乐的演出或比赛、去当地最好的餐厅撮一顿等等。这些活动正是为了更好地联系感情、增进同事之间的交流而设置的。麦肯锡对于此类活动总是乐于出资赞助。有位项目经理就曾经把他的整个团队带到佛罗里达州度过了一个难忘的周末。

在参加这样的活动、与同事交流时，你应该学会一些基本的交流技巧：

保持你的个性，保留你的思想

有思想其实就是有自己的主见。与同事聊天时，应该将自己置身于当前的话题中，这意味着你不能仅仅是随声附和，你必须说出自己的想法，与他人互动。言语之间，注意要保持你的个性，否则久而久之你就失去了你的价值，没有人会在乎你的想法。

切勿炫耀，以免祸从口出

职场中多多少少都会有那么几个人，他们工作能力强，深受老板和客户的喜爱，从而变得非常骄傲自大，也十分喜欢在和同事聊天时炫耀自己。请你千万别做那样的人。因为人都是有嫉妒心理的，万一对方的内心因此开始萌发出嫉妒和怀恨的种子呢？以后在工作中也许会为难你，所以还是应该怀有谦虚谨慎的态度，这样你说出的话才中听，同事才喜欢与你聊天。

不要背后说坏话，尽量不要谈论别人的是非

同事之间除了工作之外的话题，还有很多话题可以讨论，有些话题可以增进感情，有些话题则起着反作用，比如在背后说别人的坏话、当面评论别人的是非。你要记住同事之间没有真正的知己，你们可以做朋友，但对方未必是一个胸怀大度的、替你着想的人，你现在说的每一句话都有可能传到那个人的耳朵里，口无遮拦只会给你带来不好的人缘。

有所保留，你应该真诚，但不能犯傻

我们待人应该真诚，这是肯定的，但它并不等于完全无所保留、和盘托出。在面对你并不十分了解的同事时，你们之间的话题应该有所限定，一些关于你的隐私的事情最好还是有所保留，因为你无法确定对方的人品，更无法预知这么"信任"对方的后果是好是坏。

与上司的相处之道

无论你在哪个层级制组织就职，想想看吧，你的上司是不是你世界里最重要的人？当你在团队工作，也许只有上司才能注意到你；当你所在的团队远离公司驻地，在偏远的城市，在异国他乡的时候，你上司的重要性还会再上升一个等级。

那么怎样与你生命中最重要的这个人相处呢？那就与他（她）和睦相处，让他（她）高兴，这时你需要采取最好的方式，就是让他（她）脸上有光。如果你让上司脸上有光，他（她）肯定会让你也很有面子。

🔍 **案例**

当年，艾森·拉塞尔作为一名入职一年的麦肯锡顾问时，他会花好几周的时间，准备一份分析竞争对手的综合资料来供客户参阅。一次，他的一份研究成果需要和一家等级制度森严的制造业公司高层分享，但他的资历和职位太"嫩"了，于是他的研究成果需要由他的项目经理来做汇报。

尽管他感到非常失望，但却理解这个决定背后理性的一面。

接下来，他的工作就是花几个小时的时间，帮助他的项目经理对这部分内容进行了解，直到项目经理和他一样熟悉。第二天，项目经理成功地做了一个非常有说服力的演讲。期间，项目经理在回答客户的问题时，艾森·拉塞尔为他写纸条，还把情况在他耳边小声告诉他，还把汇报稿中重要的页码指给他。

客户对他们的介绍以及项目经理都留下了深刻的印象。而项目经理和他的老板对艾森也留下了深刻的印象。由于任务完成的特别出色，以至于全公司的人都知道了艾森的名字。

✴ 实施指南

俗话说得好：伴君如伴虎。因此，在与上司相处时，我们应该就更注意自己的言行，毕竟上司不同于一般的同事。

尽最大的能力做好你的工作，这会让上司的工作容易一些

一个好汉三个帮，是从实践中总结出来的真知。你的上司再有能力，他也不可能干完公司的所有事务，他需要他的团队成员通力协助，才能获得成功，才能带领团队逐步走向辉煌。团队中每个成员的位置和工作都很重要，一个成员的疏漏和懈怠就有可能会使公司陷入困境。因此，尽最大的能力做好你的工作，这会让你上司的工作顺畅一些。

在他需要的时候，你要保证你知道的一切他也知道

不要对上司有所隐瞒，一旦他从别人那里获得了本该由你汇报给他的信息，你觉得他会如何看待你？因此，如果上司需要从你那里了解情况，那就把你所知道的东西毫无保留地告诉他，如果不能直接汇报，就用一封逻辑清晰的电子邮件或者语音留言及时告诉他。

确保上司知道你在哪儿、在干什么、会有什么问题

令上司知道你的工作情况，有助于他更好地评估你的工作态度、工作成果，若是你的上司对你的情况一无所知，你的存在感就会大大降低，那么很多重要任务的委派便会与你无缘了，因为你的沉默令你变成了透明人。

需要注意的是，一定要让信息畅通，又不能让上司的负担过重。想要告诉他你的情况时，并不可以拉住上司、连珠炮似的汇报，因为他对项目问题本身的兴趣性要比对你的关注大得多，假如你满口都是"我在干什么、我怎么样"，会给人一种自说自话、急于表现的坏印象。麦肯锡的员工虽然善于毛遂自荐、争取工作机遇，但绝不会如此纠缠上司、使其反感。

你可以在每次汇报好工作之后，稍微提一下自己目前的工作任务、进度、计划，点到即止，尤其是在上司很忙碌或不在状态的时候。

别说那些不该说的话

对上司说话也要讲究方式方法，"无所谓，都行吧""我不清楚""不行就算，没有关系"等类似的话尽量不在他面前说，因为这类话显得你对上司不尊重，也说明你对他提出的问题没在意，也有推卸责任的嫌疑。

过度客气的相处方式容易招致对方误解

和上司说话时应顾全大局，小心谨慎。但顾虑过多就会适得其反，容易引起误解。有时越是谨慎小心，越容易出错，这时，上司会误以为你没有能力。如果你过度客气地与上司相处，不仅显得关系疏远，还会显得虚和假，越相处越不自然。因此，我们应该放平心态，以平常心与上司相处，不卑不亢，善于察言观色，习惯成自然，这样也就可以应付自如了。

第三篇 Chapter 3
狂工作不等于工作狂

如果你每一天都过得非常忙碌，可是做月度工作总结的时候却发现似乎这一个月都是在瞎忙，并没有做出什么有效率的事情来，你可能会想："像我这样的工作狂怎么会做出付出与回报不成正比的事情来？"心中思忖了无数个答案之后，仍然是一头雾水。

其实答案很简单，正如篇名所说，"狂工作不等于工作狂"。若是你想从一个没有目标感、没有方向感、没有规划的"狂工作"状态中脱身出来，成为一个麦肯锡式的"工作狂"，那就必须先从本篇所讲的几个方面转换观念和习惯。

第一章 "事实"是最好的朋友

麦肯锡人看重事实，因为事实的确益处多多，它是一切分析、假设、结论、方案的根基所在。假如你不能本着尊重事实的原则去参与工作，那么很可能在完美解决问题、提高工作效率、实现职业规划等方面没有任何收获。

特别提醒您：请看重事实、尊重事实、合理利用事实，和它成为互助互利的朋友。

数据收集，条条大路通罗马

查询和收集有关公司、行业或商业主题信息的数据是一项很乏味、但却至关重要的任务，因为想要获得解决方案，就必须有可供分析的数据信息。麦肯锡咨询顾问的标志之一就是坚持不懈地追求事实，麦肯锡咨询顾问最为重要的咨询技能之一便是数据收集。

每个成功的麦肯锡咨询顾问所依靠的信息都离不开各种内部报告、行业报告、分析家报告、统计数据。麦肯锡从来不缺乏丰富的数据资源，强大的数据库中汇集了公司内所有研究结果和专家意见，再加上麦肯锡聘请的信息专家在建设信息库、协助咨询顾问收集数据方面所做的贡献，这使得在每一个新研究项目启动的第一天，咨询顾问的办公桌上就会摆满了各种各样的研究目录、专家姓名、"净化"报告、行业分析，以及华尔街分析家的报告。

✳ 实施指南

策略性地寻找事实是麦肯锡在数据收集方面的观点之一。虽然目前能提供相关公司、行业或商业新闻的网站有成千上万个，然而并没有哪家网站能将每一种信息需求都最恰当地加以满足。当你的数据收集、数据研究变得耗时耗力却得不偿失时，很可能是你用错了方法、找错了地方，你必须在着手收集数据之前就明确好"最重要的数据来源是什么"，并在预算范围内投入必要的资金来获得这些信息。这里我会概述一下麦肯锡收集数据的方法，这些都是经过我们尝试、检验过的技能，如果你稍加试用，就更有可能以最便捷的方式挖出那些优质的信息金矿。

第一条道路：报纸杂志里的文章、专业书籍

最好的数据资源往往存在于印刷出来的白纸黑字当中。通过报纸杂志上的文章和专业书籍，你可以收集到某家公司或某个行业的历史、现状、趋势，商业概念或总体经济形势，以及信贷宽松度、劳动力短缺情况、各种法规及其他相关商业问题等丰富信息。

使用搜索引擎是找到报纸杂志上发表的文章的主要方式。下表中罗列的一些搜索引擎尤其适用于找到关于某家公司、某个行业或其他主题的文章全文。一般而言，几年前的旧闻或今天刚出版的文章都能被找到。

部分公开数据来源

种类	名称	收费状况	网址
搜索引擎	Findspot	免费	www.findspot.com
搜索引擎	Hotbot	免费	www.hotbot.com
搜索引擎	Google	免费	www.google.com
搜索引擎	Yahoo	免费	www.yahoo.com
通用信息	Bpubs	免费	www.bpubs.com
通用信息	Business Wire	免费	www.businesswire.com
通用信息	学术大全数据库	或有收费	www.lexis-nexis.com
通用信息	博士、硕士论文库	或有收费	www.proquest.com

需要注意的是，假如你寻找的是某个小型公司或地方性公司的信息，可能不会在这些搜索引擎里收集到确切的数据，因为报纸杂志并不能广泛报道每一家公司、每一个行业，即便是全国性的大型报纸也不可能面面俱到。这时候，你不妨从公司所在地区或城市的地方性报纸着手，指向性更明确一些，结果也会更令人满意。

那么，我们应该在报纸、杂志、书籍上寻找什么样的数据才有助于后期的分析研究呢？

1. 公司信息

公司名录、公司说明、公司概况、历史信息和公司近期财务信息，其中包括公司年度报告和公司网址。你所使用的数据库和出版物类型，以及公司的规模（上市公司、非上市公司、子公司）决定了你所能掌握的情况的多寡和深度。《高科技公司目录》《百万富翁名录》《公司历史国际目录》《穆迪手册》《价值线投资调查》等等都是不错的了解公司信息的出版物。

2. 行业研究

分析报告：很多经纪公司、投资银行和咨询公司都会将世界各国公司的投资报告和预测全文放在投资研究报告数据库中。一般这些数据库是需要订阅或是付费的。

财务比率和绩效比率（行业平均水平）：我们可以在许多高等院校和大型图书馆里找到《商业和行业财务比率年鉴》《年报研究、行业标准和主要商业比率》，从中能了解到行业部分公司的财务报表信息、财务比率和绩效比率，以及行业平均水平。

行业描述、概述和统计：你可以从行业即时报告网（来自美国普查局的年度报告和季度报告）、《美国行业大全》《行业参考手册》《标准普尔行业调查》《美国行业和贸易展望》里找到所需要的信息。www.business.com网站也是不错的选择。

3. 主要竞争对手

虽然处在不同的行业，但从竞争对手或其他领域的佼佼者那里获得信息，并有所借鉴，也是数据收集中的重要内容。你可以通过查看《年度商业排名》《标准普尔公司名录》、胡佛在线网站（www.hoovers.com）、胡佛在线出版物（比如《胡佛新兴公司手册》和《胡佛非上市公司手册》）来了解相关信息。美国制造商托马斯名录网站（www.thomasregister.com）提供的公司目录和产品目录虽然并不全，但资料免费，也是可以利用的。

4. 排名和等级

我们可以在《年度商业排名》《世界市场份额报告》、普莱斯目录网站中查询到各种类别产品和服务的市场份额图表和各行业的公司排名表，这对把握市场大局、对比借鉴很有帮助。

第二条道路：信息查询指南

对商务研究的指导不仅仅会出现在专门的报纸、杂志、书籍中，现在有许多公司的图书室和高等院校的图书馆都会在自己的网站上整理出这些相关数据供人查看，比如哈佛商学院贝克图书馆的管理员整理的《贝克图书馆行业信息指南》、哈特福德伦塞勒科讯图书馆网站、福尔德公司网络情报索引等。这些网站都是我们开展商务研究、进行数据收集的宝贵工具，千万不能忽视。

第三条道路：访谈

作为每一个麦肯锡项目不可或缺的内容——访谈，我们不仅能通过访谈获取主要数据，还能借此发现获得第三方数据的重要来源，而且它的价值并不局限于数据收集，当我们通过它来验证观点时，被认可的机会也能得到增加。由此可见，访谈有着明显改善决策质量的作用，所以麦肯锡公司在数据收集上广泛依赖于能面对面沟通的访谈。访谈的具体方法我们将在第三章重点说明。

最真实的一手信息

麦肯锡咨询顾问解决问题时的一整套分析方法的核心所在以及他们所遵循的三项原则是：以事实为基础，严格的结构化，以假设为导向。

基础，顾名思义，但凡想要获得成功，必须有个坚实的基础，否则再多的结构和假设都只会变成摇摇欲坠的豆腐渣工程。麦肯锡相信"事实是友善的"。将事实作为分析问题的依据、规划未来的基础是麦肯锡自1923年创办以来，一直所坚持的必要原则，麦肯锡人也因此获得了多于其他商界人士的成功和良好声誉。

正如一位麦肯锡的资深项目经理所言:"当你开始在麦肯锡工作的时候,收集和分析事实就是你存在的理由。"通常在进行项目的第一天,麦肯锡团队的所有成员所要进行的工作不是各抒己见,而是做一些看似枯燥无味、难以体现自己才华的工作,那就是对成堆的外部资料和内部研究报告进行详查和梳理,这便是非常被麦肯锡看重的"以事实为依据"。

为什么事实对于麦肯锡的工作方法如此重要呢?

1. 分析问题时心里有数

商业问题之间存在许多相似点,这是我们所认同的,不过相似的问题却未必能套用到相似的解决办法之中去。想要在商务咨询中使用一劳永逸的万能钥匙是行不通的。能提出正确的问题可以说明你的机敏聪慧,但如果你在后续分析问题、面对别人的质疑、说出问题的解决方法时却因为缺乏对于真实信息的了解而言语之间支支吾吾、一副束手无策的表现,那么不仅仅使你自己会陷入窘迫的境地,对当初的"灵光一现"产生质疑,别人对你的好感也会大打折扣。想要令自己分析问题时说话底气足、保持清晰的思路,就应该做到心里有数,数据的"数"。

2. 有利于做出正确的决策

因为当你想要在第一次团队会议上对问题的每个部分都加以相应说明的时候,若是失去了事实依据,那么即使是最有经验、富有才干的企业决策者也未必会比一线的实际工作人员知道得更多,各种局限性的客观存在和被忽视的事实都会影响最终的结果,所以全面和透彻地了解清楚事实之后再下结论,才可以尽快搞清楚自己走的方向到底对不对,以便确保自己所提出的任何建议都不偏离有效解决实际问题的轨道。

3. 增强问题分析的可信度

在咨询顾问和客户之间搭建起信心的桥梁的方法之一便是让咨询顾问可以充分展示自己所知道的内容,提供强而有力的方针帮助自己建立明确的假说。一旦你通过对数据收集进行更多的思考和投入更多的关注来掌握了不为人知且别人感兴趣的事实，你的说服力就会大大提升，你的建议就会更容易被人接受。

✵ 实施指南

前面已经说过了麦肯锡人常用的收集信息和数据的方法，这里要说的是如何从繁多的信息和数据中找到最初的、最真实、最严谨的一手信息，因为它们才是事实中的事实。

什么是一手信息？

我们可以用形象的比喻来理解"一手信息"这个词：一辆汽车刚刚下了生产线，出厂的时候，它就是一手的，是没有经过任何人使用和改装的，一旦被售卖出去，做了汽车美容、升级了配件，它就不再是一手汽车了，若是经过了好几个主人的数次买卖之后，一手汽车和N手汽车的样子肯定是极容易分辨出来的。如果你想要测评某一款汽车的性能，肯定不能用那些做过汽车美容和配件升级的汽车来作为试验物，而是应该选择原厂原车，这样才可以得出最靠谱的数据来。

简言之，一手信息就是没有经过任何人过滤的数据。

一手信息优于二手信息的地方

当在数次实践中发现了掌握一手信息更有利于制订出可行性强的解决方案之后，麦肯锡人常会以过来人的身份来建议普通分析人员静下心来花费几天时间去集中接触一手信息。

虽然过滤和美化过的二手信息有时候更容易被人们看好，更加容易理解，更加赏心悦目，但是它有别于一手信息的缺点也不可无视。我们可以从下图中很好地理解为什么麦肯锡人在分析问题之前、收集数据之时会看重需要调查筛选的一手信息而不是更简单易取的二手信息。

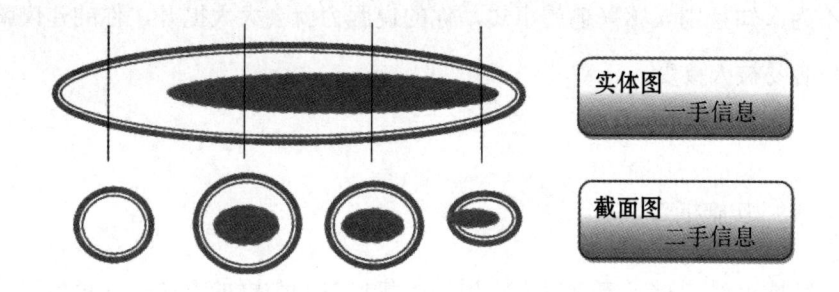

实体图
一手信息

截面图
二手信息

我们可以把一组数据看做是一块火腿肉，当我们全面地、直接地看待这组数据时，就获得了实体的一手信息，就是一整个火腿；当我们片面地、间接地获得这组数据时，就获得了成为数个切片的二手信息，就算将它们累计起来，也可能无法组成一个完整的火腿。再精致、再优化的二手信息，本质上也都是某一个片段式的信息，它们只是从拥有众多层面的复合性质的对象中根据个人见解和需求巧妙地抽取出来的，比如间接的文案、报告或论文等，它们处处体现着人的思想对事实的"影响"，而且有些二手信息甚至会比一手信息更加复杂，没到现场亲身接触查看就无法很好地理解。所以严谨的麦肯锡人是不会赋予二手信息作为事实来被参考、被分析的资格的。

一手信息的来源

一手信息的来源是有几个方面的，你既可以从基本数据和原始数据上加以了解，也可以从最初的信息源来加以了解。

比如，当你准备开始接手某一公司关于某个项目的咨询时，你需要为自己的想法不断添砖加瓦、使其巩固丰满，这一砖一瓦就是最真实的一手信息，此时你需要问自己一些问题：

1. 该公司的正确名称，包括全称、简称、英文名和中文名。这样你才能在千万个相关信息中筛选出最对口的、排除那些"山寨"公司的无用信息、干扰信息。

2．该公司是上市公司还是非上市公司，明确了这一点，你才能知道应该通过何种途径去获取一手信息、着重获取什么样的一手信息。

3．该公司是否是另一家企业的子公司或分公司，若答案是肯定的话，你所要付出的搜集工作也就更加具体化、扩大化了。

4．如果你已经初步设想了一些针对这个项目的问题，那么就需要关注哪些信息可用来回答自己的问题，包括已经接触到的、即将接触到的、较难接触到的，等等。

5．哪些索引、数据库或是其他来源包含这些信息，这是你即将与一手信息接触的最后一步。

具体而言，当你身处以下项目小组时，你获取一手信息的渠道和方法也是有差异的：

当你负责的项目是关乎制造生产时，你应该走出办公室、远离电脑和那些堆积如山的纸质资料，前往生产线与调度的第一线（现场），你获取一手信息的来源就是第一线的工作人员，他们更了解实际情况，你从他们那里能听到现场人员由经验所衍生出来的智慧。在时间允许的情况下，与他们一起动手进行某项作业也是非常有意义的。

当你负责的项目是关乎销售产品时，你要去的地方就是销售第一线，在店面里和营业员谈一谈，站在店门口听取一下顾客的意见，甚至你可以假扮成顾客，去体验和观察一下其他顾客在选购时的取向和行动。

当你负责的项目是关乎新产品研发时，你必须和新产品一同前往使用商品的第一线，与使用新产品的顾客聊一聊他的用户体验、改进建议，比如询问这样几个问题：您为什么使用该商品？该商品与其他商品如何区分使用？您觉得它有何优势或是新颖之处？相较于同类产品，它还有哪些不足？

学会利用客户公司的年报

麦肯锡认为：如果想对某家公司迅速增进了解的话，设法找到他们的年报便是首选之事。

由于所有企业、行业或主体的每一个方面不可能被一个来源涵盖。有时候，或许得找好几处，所需信息才可能被找到。更棘手的情况是你坐在办公室里几乎找不到某些信息，或者根本连寻找的地方都没有，在财务信息和组织结构信息方面尤其如此，还有就是大公司的子公司和分公司、非上市公司信息。

✳ 实施指南

在互联网上，有不少公司的年报，因此年报是很容易找到的，通常大量的信息就包含在汇报的财务数据背后。

在获取年报后，想要加以解读就需要按照一定的逻辑流程来进行。

"股东信息"或者"董事长寄语"

年报前面往往有"股东信息"或者"董事长寄语"，先要找到这部分，然后进行仔细阅读。你要站在战略规划者的高度上，对公司上一年的表现作一番分析，看看公司的管理层怎样向投资者陈述报告期内的经营情况、财务状况、投资情况；然后对管理层规划公司下一步的发展方向作分析，看看公司在发展方面都有哪些期望。

公司的财务指标明细

你要对公司的财务指标明细做一番快速浏览，在这个过程中，内心不断要提出许多问题：像股票价格、收益状况以及每股收益是多少，接下来的投资重点应该放在哪些项目，等等。

项目细则

对年报进一步研究，然后找到公司的业务单元和生产线，看看公司的高管是谁，而有办公室和生产设备的地方都有哪些。

在研究完项目细则后，就可以对数字背后所要告诉我们的信息进行全力透彻地分析。

寻找异常值

目前为止，你所收集的大量数据可能只是针对问题的某一个方面，现在你要开始寻找其中的异常值——极好或者极差的东西，也就是孤立点，它们是事件的特殊因素。分析孤立点一般是借助一些专业处理统计工具进行比值或者关键值的数据分析。如此一来，往往能够找到调查公司关键信息的机会。

对该公司年报进行分析时，常常需要收集其近5～10年的数据信息。当大家要收集公司销售人员的数据时，可以把每个销售人员过去3年的平均销售额输入进去，再除以该销售人员的交易次数，这也就是销售人员每次交易的平均销售额了。在分析表上录入这些数据，依次从低到高排列，然后研究分析此表，这时最好的和最差的几个孤立点就赫然在目了。值得高兴的是，一个很有意义的研究领域被大家发现了。当大家找出数据异常的原因时，此时研究就走上了顺利的轨道。

过犹不及，你也许并不需要这些信息

麦肯锡极不同于速读术或高效能工作术的理念，它认为很有必要刻意地将搜集信息的深度保留在概要阶段，也就是"不要做过头"。由于信息的搜集效率必定有其极限，如果信息过多，已经"搜集过头""知道过头"，这时便使人不能更有智慧。

✻ 实施指南

那么，为什么搜集到的信息不是越多越好、掌握的信息不是越清晰明朗越好呢？因为凡事都有两极，过犹不及是无数人的前车之鉴。下面就来看看搜集过头和知道过头到底有何危害吧。

搜集过头

在某种程度上，当用于搜集信息的努力、时间和所获得结果的信息量呈现正比关系时，而某个程度被超过，其迅速吸收新信息的速度就会慢下来。"搜集过头"便是如此。即使大量的时间被投入，但具有实际效果的信息却不会呈等比增加。

知道过头

更严重的问题便是"知道过头"。智慧在到达某个信息量之前，确实会快速涌现，但是快速涌现出来的智慧若超过某个量就会减少，而最重要的是，"自己独具的观点"在逐渐接近于零。这也就是说，"知识"的增长未必会带动"智慧"的增长，因此就有了一个经过实践检验的东西：信息量但凡超过了某个程度，往往会造成负面效果。

对某个领域了如指掌的人，如果要产生新的智慧就很不容易，这是由于手边拥有的所有知识几乎超越了现有的想法。极易达到"知道过头"状态的人往往很聪明或优秀，当这种状态一旦达到，受到知识限制就会越来越牢固，解脱起来也就很困难了。大家看看那些一流的科学家在达到该领域的权威地位后，往往就不再产生像年轻时期那样天才的想法了，这也就是其道理所在。

而且，这也是商业界存在顾问公司的一种理由。一流企业在招揽了众多业界专家后，为什么还要以高薪来雇用顾问，企业主"知道过头"便是其中一个很大的原因。因此束缚于该领域"必须论"的刻板印象或禁忌，新的智慧就无法产生，这时就需要"旁观者清"的咨询顾问从旁协助了。

未知的好处

当我们感兴趣于某个领域时，在新信息被获取的阶段，我们会关心各种不同的内容或疑点。而每次在寻找答案的过程中，或是向他人求教这些问题时，自身的理解都会被加深，新的观点或智慧就会不由自主地涌现，处于思维的极佳状态。当这些观点或智慧还没有消失时，也就是还处于未变成"知道过头"的范围内，就要停止对信息的搜集，这正是在搜集信息用于确立议题时的一种秘诀。

做"基本信息"的淘金者

这的确不是一件易事，麦肯锡校友之一曾坦言："收集和整理数据比思考要容易得多。"为什么他会有如此感慨呢？

因为各个公司的文化各不相同，而同样如此的是公司的"数据偏好"。咨询顾问所获得的有效信息，不在于多少，而在于是否适用于问题本身。当所有的数据收集完后，就需要筛选一大堆事实，犹如从麦壳里挑选出麦子、从沙子里淘出金子，这就是在处理一手信息时获得的感觉。与此同时，你还需要在某种程度上将常识和基本事项加以整合，然后按照原则进行快速扫描（调查）。在这个过程里把不相关的东西剔除，将确实能证实或证伪你假设的数据留下，接着提炼这些分析结果，继而将这些总结后的数据告诉团队成员，以便使大家做出极为贴切且重要的决策。

要做好这个工作，不但要明白各项分析的意义，还要具备理解能力，而且要把互不相干的事实连贯成有机的整体，丰富的想象力也不可或缺。

🔍 案例

麦肯锡校友保罗·肯尼现就职于葛兰素史克医药公司，他每天都会面对这个问题：

"数据收集的流程已经改变。我发现网上有大量信息，甚至与几年前相比都多得多。在制药方面，绝不缺少数据和信息。实际上，我们已经被淹没了。有关于市场的信息，而且还非常详细，还有大量复杂的科学数据。困难在于，如何准确地找到有用的那点儿东西。"

✴ 实施指南

在"淘金"之时，尤其要注意"避免只凭自己的想法就拍板定案"。通常在商业上对业务环境进行推敲时，需持续观察下述要素：

1. 业界内是怎样的竞争关系；
2. 潜在进入者是哪些；
3. 替代品是什么；
4. 业务下游（买家、顾客）；
5. 业务上游（供应企业、供货商）；
6. 有哪些技术和创新；
7. 相关法规。

在80年代初，迈克尔·波特（Michael Porter）提出的五力分析模型便是前5项，再加上6项和7项，合计就是7个要素，具体内容如下图所示。

```
        ⑥技术和创新

            ②潜在进入者
             ·进入障碍
             ·成本优势
             ·预期反应等

⑤业务上游   ①业界内的竞争关系   ④业务下游
 ·供应商    ·市场的成长和动向    ·顾客、消费者
 ·供应链    ·经济学             ·服务者
 ·垄断情况  ·现在的关键成功因    ·渠道、物流
 ·成本等     素（KFS）           ·价格敏感度
            ·定位等              ·垄断程度等

            ③替代品
             ·相对价格
             ·转换成本
             ·顾客敏锐度等

        ⑦相关法规
```

学会观察上述要素之后，你需要格外注意其中包含的重要三点：数字、问题意识、架构。

数字：以数字为根基在科学界是理所当然的现象，这也常见于商业界。像营业利润率、市场规模、市场占有率之类的数字，通常讨论业务整体时就会提出来，而每日单位营业额、顾客人均消费额、存货周转等数字的提出，便是零售业竞争者的观点。从整体的角度对大致情况的确定，便是根据"不知道就无法继续讨论"的一系列数字来的。

问题意识：摸清过去以来的脉络，在该领域、企业、业界中找出常

识，然后与课题领域相关的一般共识，以及从前讨论过与否、讨论的内容及结果等就是所谓的"问题意识"。需要涵盖全部的内容来自"如果不知道这些，与该领域的人就无法进行对话"的取舍标准，另外还要对重要的观点进行一下是否遗漏的确认。

架构：以下的信息无论在哪一个领域都需要，例如：课题到目前为止整理的情况，怎样定位课题周围的事情；还要对正在讨论的问题在既有架构中是何种定位有所了解，以及如何解释。要想轻易掌握整体情况，具体而言，可活用下述信息来源：

1. 总论、评论；
2. 杂志、专业杂志的专题报道；
3. 分析报告或年度报告；
4. 主题相关书籍；
5. 教科书中相符的几页。

在这里强调一点，对于讨论关键技术的专业部分在看书时不妨避开，只看其中有关基础概念及原则的内容就行了。这样不仅可以培养时间轴上的宏观角度，还能吸收新旧观点，也是不错的。

对基本信息进行归纳整理之后，向可能会把大家带往两个方。方向一是通过分析，假设被证实，这时就要把掌握的数据进一步弄清，然后决定采取什么样的行动；反之，分析过后，假设被证伪，此刻就需要再分析一番，或许不必，总之要重新设立与数据相符的初始假设，以便切合数据。

实现增值的知识管理

当前企业界的热门话题就是知识管理。众所周知，管理咨询是高智能的服务事业，具有丰富的管理知识和经验，并且掌握了咨询技能的人才能从事。知识管理是知识型企业的不二出路，因为它们的产品就是"知识"，而知识正是"运载智慧的血液"。

麦肯锡能做到现在这样的成绩，知识管理功不可没。麦肯锡自1926年成立以来，知识就是管理咨询顾问公司卖的东西，麦肯锡管理咨询顾问公司作为知识管理领域的领路人是被公认的，其他知识密集型公司都在竞相效仿它。离开麦肯锡后的很多人，都对麦肯锡的企业文化和在知识管理方面所建立的电脑系统、资料库、查询技术等念念不忘。

麦肯锡是怎样管理自己的知识金库呢？

麦肯锡首先从理念上强调，持续不断对知识进行学习的这个过程是必需的，而不是暂时性工作，更不是与特定咨询项目相联系就可完事。

公司为了促进学习，建立起了科学的学习制度，还有专门的组织机构保证这一制度的持续实施。麦肯锡在内部创办了一份刊物，让那些没有时间和精力著书却拥有宝贵经验的专家们有机会与同仁共享思想火花，这样一来，公司内有益的知识和经验就会得到有效传播。

公司在选拔各个部门推进学习机制的负责人时，是从内部选拔出了在各个领域有突出贡献的人，然后让他们负责从部门里挑选组成核心团队的人员。而有关专业领域的知识和经验便可从他们那里来获取，从而使数据库中的专用知识在加强中得以完善，最终让数据库的信息资源更为全面。

麦肯锡为了在组织内进一步促进知识和信息的充分流通，建立了以知识贡献率为衡量标准的评价体系。

除此而外，麦肯锡对信息化在知识管理中的运用也极为重视，其建立了一个数据库，名为"网上知识管理平台"（KNOW），用以保存在客户工作过程中积累起来的各种信息资源，维护数据库则是委派了全职的专业信息管理技术人员，确保库中数据的更新。在咨询专家需要从数据库中寻找信息时，就会提供相应的检索帮助，从而提高使用效率。

🔍 案例

比尔·罗斯是麦肯锡校友，目前在通用电气公司运输分部担任业务发展经理，以下是他对自己公司知识管理的评价：

我为曾在一个像麦肯锡那样重视知识的公司工作而感到幸运。通用电气也属于一个学习型企业，而杰克·韦尔奇是这方面的主导人物。对通用电气而言，具备知识管理的能力才是其取得巨大成功的核心。

公司不管内外的每一个人，都对最佳实践很重视。各部门和专门团体有着定期的交流，像服务理事会之间，我们要对每个人的主要项目做到随时了解。由于大型数据库更新起来太费事，因此我们并不依靠。而做到这点是通过经常性的碰头会，像每季度召开共同讨论最佳做法的跨部门会议。这是既及时、效果又很好的做法。

✳ 实施指南

大家首先要清楚，数据和信息并非知识。数据是什么？它是具体的数字，也是一种观测结果，更是一种事实。而收集和综合数据便是信息。对信息、经验和背景的增值整合才是知识。大脑是这一过程的开始，我们此时把它称为"未编码"知识更为确切。而以书面文件形式或口头讨论来与他人进行分享，便称得上是"已编码"知识。公司的知识管理是一个系统过程，它是能使"未编码"和"已编码"知识最大限度实现价值的保证。

一个知识流程完整的闭环包含了五个环节：知识的产生、标准化、审核更新、存储以及共享应用。想要对麦肯锡的知识管理体系有更加直观和清晰的了解，你就得来听听我是如何详细介绍其中每个环节的。

知识的产生

知识的产生包括知识本身的来源，以及如何被收录进入我们自己的管理系统里。

1. 知识来源于哪里

咨询项目、知识合同和知识开发项目（KIP）等是麦肯锡自身知识产生的三个来源。麦肯锡的核心业务就是咨询项目，也就是项目组把咨询服务提供给客户，而项目的核心交付物、项目建议书、案例研究等内容就是其产生的知识。麦肯锡自身以签订合同的方式，对外部的数据资料进行购买就是所谓的知识合同，如商学院的期刊、分析报告、外部数据等等就包含其中。

麦肯锡自己内部的知识开发项目（KIP）在这里需要重点强调。从2004年开始，麦肯锡在内部推行KIP，KIP是指通过确保和客户项目同样的资源，如人力、财力，然后专项研究某些对未来公司项目中有重要应用的知识。公司一般自身进行投资，而专门管理的是独立的"知识委员会"，通常麦肯锡的知识委员会组成人员是全球董事以及资深专家。KIP的设计准则如下：首先确保所有的"知识开发项目"具备明确的项目目标、最终产品、专门负责的团队、领导支持；然后在公司内部创建"知识开发项目"成果的透明、畅通的共享通道，从高级管理者和更超前的视角来选择项目课题。KIP极好的效果是在高层的推动下获取的，而在全球不同的办公室，这种成果被广泛共享，并在日常客户的项目之中得到有效应用。

2. 收集知识的流程

麦肯锡根据不同来源的知识，对知识收集的流程进行了不同的设置。比如从咨询项目中得来的知识内容（包含KIP），先到知识编辑小组进行汇总，然后知识编辑小组把相应的内容处理一番（当然这里主要是对客户保密需要的考虑，此时剔除掉涉及保密的敏感性的数据），再转交到知识管理小组，相应的上传和推送就是知识管理小组这时的工作，需要直接汇总到知识管理小组的则是来自外部的知识。

知识的标准化

知识的标准化是一个知识分门别类进行管理和精细化处理的过程。

1. 管理模板

在麦肯锡全球各地的分支机构以及项目团队，要求使用公司统一订制的文档模板，这样就能体现其自身的专业性。而知识管理小组负责文档模板的设计，还会对其进行定期更新和发布。

2. 管理知识标签

管理知识标签对知识的分类和查找很有益处。地域标签、行业标签和职能标签等是目前麦肯锡知识库中的知识标签。把相应的标签贴于知识文档，对文档的精确定位将更有利。标签要遵循特定的原则来分类，每一个新标签都有其定义和说明，而不重复不遗漏（这就是著名的MECE法则，后面章节将会详细讲解）是标签之间必须遵循的原则。每一类标签不能超过四层的分类，负责知识标签更新的也是知识管理小组。对主题事务缺乏直接了解的人，知识标签可确保他们能大致看懂知识管理系统中的内容。知识管理小组还要确保对任何文件都能够根据知识标签这样的关键词或其他搜索方法来进行检索。

知识更新

计算机程序员常说的一句话就是输出质量取决于输入质量。要想开发出富有意义的知识管理"编码"体系，必须确保获得准确而及时的数据。很多公司在20世纪90年代中期，试图建立以数据库、专家索引、内容仓库为一体的复杂知识管理系统，但多数鸣金收兵，其原因就在于系统中是不准确或已过时的信息。

在知识的更新里有两个循环：

知识使用循环是第一个循环，公司员工发起了这个循环，也就是说员工需要的知识内容是从知识库中获取来的，而运用到研究和项目中去的是自己总结提炼后的东西，再通过项目的交付产出，然后编辑经过审批，继而进入知识库里，这样知识就形成了不断更新的循环。

知识回顾循环则是第二个循环，知识管理小组发起了这个循环，对知识库中的知识进行回顾和盘点是知识管理小组定期要做的事，剔除重复以及不再有效的知识，同时反馈已有知识出现的欠缺，然后将知识二次加工后再放入知识库中。

常态化是知识的使用循环，不定期则是知识的反馈循环。

知识存储（IT平台）

以结构简约、功能齐全著称的麦肯锡网上知识管理平台（KNOW），有着强大的搜索功能，自动按照从高到低的匹配度来进行排序，还有专家页面的设计，这样就联系起了知识与专家，以及可以提供特定领域，如专业领域和行业领域的知识汇总。把"人"与"知识"进行集成是KNOW的核心设计思想，以辐射拓扑搜索使多维相关信息空间得以辐射到，从而变为日常工作真正有效的基础。

公司拥有的数据库主要有两个：PD-Net是其中之一，它有以前撰写和"净化"的、供公司咨询顾问共享的报告等，以"内容"数据库来看待也不为过；另一个是"人物"数据库，它含有不同行业、不同领域的麦肯锡专家名录。这两个数据库的用户对数据进行分类检索时，都可根据办公室、行业、专家、时间或若干其他标准来进行。

知识共享应用

只有流动起来的知识才有价值，才有力量。麦肯锡一般利用以下几种形式来让知识在各部门成员之间分享，实现最大利用率。

1. 导师制度

在麦肯锡公司里，很多员工都承认，基于工作实践的"导师制"方式是对自己工作帮助很大的知识管理工具。在同行业中，麦肯锡的合伙人占咨询顾问的比例是最高的，咨询公司通常比例为1∶10～1∶20，而麦肯锡已经在1∶6左右。因此，给每位咨询人员配备一名合伙人担任"发展小组领导"（DGL），他们是具备这个条件的，让其专业的导师把意见和建议提供出来，以助他们确定专业成长道路和职业发展方向。麦肯锡认为支持架构中最重要的一个组成部分是DGL的角色，在麦肯锡把导师制做到了极致的就是这种类似传统国企内部"传帮带"的授徒方式。

2. 全球化培训

真正意义上的高度全球化是麦肯锡全球化的培养手段，不管处于何种级别的员工及咨询顾问，每年接受脱产培训平均至少有两周的时间。这两周时间绝大多数都在海外进行培训。此类培训不仅是知识、技能的培训，而且是与全球其他分公司同仁建立全球网络的机会。

3. 完备的权限体系设计

麦肯锡的知识管理平台（KNOW）能确保知识在安全的条件下共享，是因为它有着完善的权限体系设计。搜索、访问、下载是权限设置的要素，麦肯锡根据员工级别的不同，设置了相对应的权限要素。同时KNOW平台对权限申请流程的设置是为了避免由于权限设置而导致的交流障碍。哪个级别的员工想对权限要求之外的知识内容进行查看，可以向合伙人提交申请，通过合伙人批准后，再向知识服务团队技术小组提交，合伙人的要求是该小组做出是否为员工开辟权限的判断条件，他们根据判断把结果反馈给合伙人，申请的员工将收到合伙人反馈的最终结果。

第二章　问题当前：压缩时间，提高效率

当你手头上有了要尽快解决的项目，你会怎么办？多数在工作中缺乏逻辑思维的人都是想到什么就做什么、走一步算一步。秉持着这样随缘工作作风的人多半无法成为优秀员工，更无法成为团队的主干力量。因为你身为职场人士却没有工作效率，便会因此失去各种成果和机遇。

特别提醒您：我们有好多验证过的经典方法可以借鉴，在提高工作效率上能助您一臂之力。

不愿费时列分析计划＝走向失败的捷径

分析在麦肯锡解决问题的流程中，有着不可或缺的作用。麦肯锡公司，其员工以分析为重是在工作头几年的主要任务，而且分析能力在麦肯锡招聘新人的各种标准中几乎居于首位。

在评价合伙人和董事时，会把其团队分析能力的权衡以及提出增值建议来作为整体的考量。也就是说决策者即使直觉敏锐、经验丰富，当在公司内部要沟通你的解决方案时，此刻良好的分析绝对会有益于你，使你在极短的时间内获得他人的支持，也让你的解决方案得到快速实施及推广。

🔍 案例

一般高级顾问在麦肯锡公司说服客户来做咨询时,会用一个经典的故事来给客户讲述公司需要咨询的缘由。汤姆·彼得斯是负责企业组织发展的专家,他经常把下面这个故事讲述给他的客户:

博士约翰·科特在纽约州被分配到一家研究所,在那里他成为学历最高的一个人。

有一天他去钓鱼,地点是单位后面的小池塘,而研究所正副所长恰巧就在他的两边钓鱼。

约翰·科特向两位领导微微点了点头,就一门心思地钓鱼,他觉得和领导有什么好聊的呢?

片刻,正所长把钓竿放下,还伸了伸懒腰,就快速地从水面飞也似的走到对面去上厕所。

正所长令约翰·科特目瞪口呆。这难道是水上漂?不可能吧?这可是一个真实的池塘啊。

上完厕所的正所长回来时依旧是"飞掠池塘"。

约翰·科特心中很纳闷儿又不好去问,就是碍于"无所不知的博士生"这个头衔呀!

让约翰·科特更不可思议的是,副所长在隔段时间去上厕所时,其行为和正所长如出一辙。

约翰·科特也有了上厕所的念头。但单位的厕所离这里也不近;可这是个两边有围墙的池塘,因此得绕十分钟的路才能到对面上厕所。如何做呀?

约翰·科特憋了好久后,他也不愿意向两位所长去打问,于是起身就往水里跳:博士生为什么就不能过了这水面。

约翰·科特随着"咚"的一声栽到了水里。

他被两位所长从水里拉了出来,两位所长问他下水的原因,而他却反问道:"你们怎么可以轻易走过去呢?"

两位所长面面相觑,继而笑着说:"我们是踩着木桩子过去的,这池塘里有两排木桩子,因为这两天下雨涨水,木桩子被遮掩在水下面。对于木桩的位置我们很清楚,因此就轻易过去了。为什么你不提前问一问呢?"

这个故事说明公司咨询占着何等重要的位置。当公司领导人发现奇特的现象,如果像约翰·科特般不愿意去询问,不做具有逻辑性的分析,对问题的实质不善于去追根究底,只是一意孤行地想当然,"栽到水里"便是公司的必然结局了。

❖ **实施指南**

绝大多数的公司都有这样的认知:如果员工能在一天完成所有的工作会为公司创造最大的价值,假如稍有延迟,那么就会如同水果蔬菜一样,摆放在货架上的时间越久,越不新鲜越贬值,员工的"不努力、不勤奋"会直接导致公司收益的减少。这种认知恐怕是与现实不符的,因为中国人讲究"凡事预则立,不预则废",在准备工作上花些时间做出完善的计划是非常有必要的事情,如果光是追求时间上的速度,而对此加以忽视的话,恐怕"努力勤奋"的员工创造出的价值就会大打折扣,难以达到预期了。

盲目的揣测是快速走向失败或穷途的捷径,这是麦肯锡人鄙弃的处理问题的方式。而要想实实在在地把问题解决了,唯分析不能达到。理性、全面的分析计划是麦肯锡人所推崇的模式。这是看似慢实则快的做事方式。一个成熟的领导或员工必须具备此等理念。

下面让我们来学习一下麦肯锡解决问题时的战略模型：

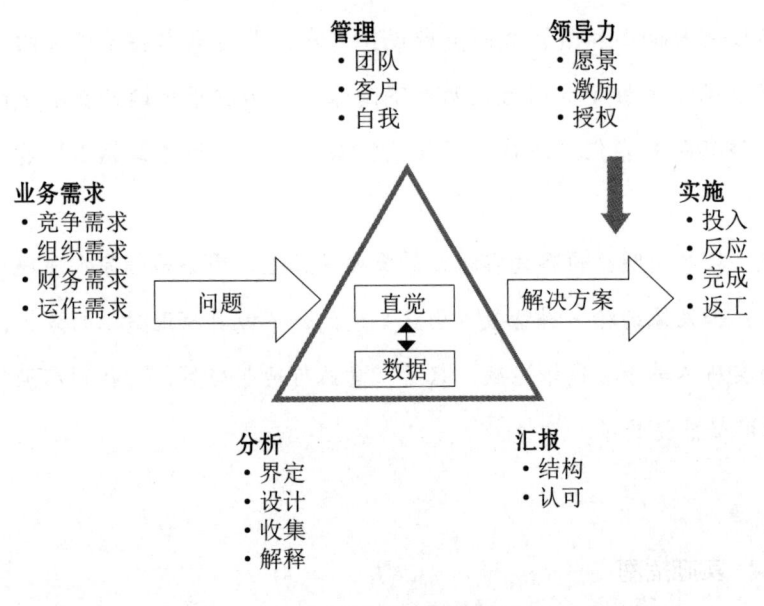

管理
- 团队
- 客户
- 自我

领导力
- 愿景
- 激励
- 授权

业务需求
- 竞争需求
- 组织需求
- 财务需求
- 运作需求

问题 → 直觉 ↕ 数据 → 解决方案

实施
- 投入
- 反应
- 完成
- 返工

分析
- 界定
- 设计
- 收集
- 解释

汇报
- 结构
- 认可

解决问题的战略模型

其实，每个企业解决问题的必经过程便是分析，主管可以单独完成这个过程，或是由顾问协助来做。一般麦肯锡解决问题的总程序是采用以事实为基础、以假设为导向。而界定问题是第一个步骤，然后各个子题便是细分的结果，这样对解决方案的假设就能快速找出来。继而就是分析设计、资料收集与解释的进行，如此一来，就可验证出事实是否支持"假设"。

在麦肯锡把这里所谓的分析计划叫作"工作规划"。负责团队日常运作的项目经理（EM）一般来做工作规划这个任务。在项目早期，也就是在团队刚刚建立初始假设之后，项目经理便要着手确定哪些分析需要做以及由谁来做。他会带领着团队的每一名成员一起讨论以下问题：该成员有哪些任务？完成任务所需的数据在哪里能找到？最终产品可能是何种样式？接着，团队成员将各司其职，一边尽力完成自己分内的工作，一边对其他队员的工作提供支持和协助。

初始假设的"价值"

在面对复杂问题时，很多人会选择从零开始，全力查询并分析手中所有的数据，最终通过研究找到答案。但麦肯锡发现，如在找寻答案时利用初始假设，那么在分析与研究的过程中将会节省很多时间，显著地提高工作效率。

"在解决问题之前，先找寻解决方法"，这是初始假设的精髓。这句话看起来不合乎常理，但实际上，很多人都是这么做的。比如，很多的企业团队中制定的决策方案，百分之五十是靠真实数据和事例作为基本的判断与分析，另外百分之五十靠的是敏锐的直觉。

很多人对此持有疑问的态度，他们认为数据和直觉这两方面互不相干，但其实，它们之间有着微妙的联系。缺少真实数据的直觉只能称为胡乱的想象，而没有直觉的数据只是一堆摆在眼前的信息。但试想一下，如果真实的数据和敏锐的直觉相辅相成，那么猜想就有了依据，结论也变得合理。

在第一次的会议上就拿出初始假设的原因在于可以有效地避免掉很多不相干的分析和研究，节省时间和精力。这就如经常玩的纸上迷宫游戏，研究表明，从终点处向起始点寻找路线，要比从起始点到终点处寻找路线要简单得多。其中，最关键的原因在于，当已经知道了答案后，会少走很多的弯路。综上所述，每一个复杂的问题都如同一个巨大的迷宫，而初始假设就是避免你走进死胡同里的路线图。

此外，初始假设会帮助你节省很多的精力和时间，它可以帮助你利用有效的信息快速得出最终的结论，尤其在面对信息量并不足以得出结论的情况下，它会引导你假设出最有可能的答案。值得注意的是，初始假设并不是凭空猜测，它是建立在真实数据和资料的基础上，并需要有足够的胆识和直觉，尤其是面对一些没有先例的全新问题上，更要谨慎得出假设性的结论。

当得出了初始假设，在解决问题的过程不仅可以让你更加敏锐、快速地解决每一个问题并且可以协助你做出可行的决策与评估，使之更有效率地完成整个项目。不过即便如此，也要实时重视假设与真实数据中的关联点，保证初始假设的正确性。

所以，在提出初始假设之前，麦肯锡会让项目团队内所有的成员事先做好万全的准备，只有掌握了足够多的资料，并对整个项目进行了解之后，才可以根据所掌握的讯息进行初始假设。如果成员之间有不同的假设，那么有必要为此开一次会议共同探讨。

案例

《麦肯锡意识》的作者曾在麦肯锡工作过，他表示：

在麦肯锡工作时，我们几乎每一天都要和数据相处，这使得我们必须把所有的时间和精力用来研究数据，不但我们是这样，与我们合作的客户也是如此。那时候正是建立门户网站的初期，我们不得不在资料不足的情况下探讨出问题的关键点。

我只能这样说："静下心来想一想，我们对那三四个最大的市场都了解到了什么？又有着怎样的评估？"很多时候，我们会根据问题很快地找到问题的关键，并且尽可能有一定的准确性。对此，我们会做出一些假设："假如市场规模为X，那么结论应该是什么？"我们会重复这些假设性的过程，如果市场规模为X，那么Y的假设必然成立。这时，我们就会把重点转移到Y。

因为有了假设，这个流程变得清晰了很多，虽然我们没有办法准确地得出结论，那段时间里还在尽力地考察市场规模，但是我们有了方向，并且在假设中我们找到了所有资源的可能来源，这些付出在最后都有了回报。

鲍勃·加尔达是麦肯锡的校友，如今在美国杜克大学福库商学院任教，他就曾用一个以真实数据为推断的初始假设一改公司的传统运作，最终扭转了公司的核心业务，为公司创造了奇迹。

近二十年来，沃尔玛、凯玛特和塔吉特这三大客户的商品价格一直给予我们重压，他们威胁我们说，如果我们依旧不降价，那么他们就会选择印度或是中国的供货商与他们长期合作。为此我们开会讨论，并且得出了几种方案：一，降低商品的成本；二，从印度和中国进货，再转手给客户；三，紧急进行新产品的研发；四，以上三种方案同时进行。

当时我提出的假设是，以推出新产品的方式，尽可能地减少价格方面的压力。和我预想的一样，当我们兴致勃勃地推出新产品时，他们一时间忘记了对我们进行挤压。为此，我们就可以从被动变为掌握主动权。后来，我们每隔一段时间就会推出新的产品，渐渐地他们不再向我们提出降价的要求。事实证明，我当初的假设是正确的。

为了假设的准确性，鲍勃在此前还将自己的假设与另外几种策划做了比较，如果采用第一种方案——降低成本（实际上公司的领导层认为这是唯一的解决方法），那么实施起来会很困难，因为想要在成本上少于印度或是中国，对于公司而言，是没有利益可言的，更谈不上长期合作。

另一种策略——从印度或是中国进货，再转手给三大客户。当时公司领导层中几乎三分之一的人对此方法表示支持，但是我却认为这种想法毫无操作性可言。第一，如果采纳这种策略，我们作为一个中间商，并不会为三大客户创造更多的利益，可想而知，三大客户必定会甩掉我们直接找到供货商；第二，解决不了根本的问题，公司的利益只会持续降低。

所以，我们不得不使用另外一种方案来解决这个难题，那就是利用新产品的吸引力，既保证了我们的利益，又解决了问题。

✵ 实施指南

初始假设也并不是每次出现都能作为解决方案的雏形的，因为但凡假设必须经过事实的检验才能获得真正的利用价值，下面就来看看麦肯锡是如何将初始假设百炼成钢的吧。

创造最初的假设

虽然初始假设的建立可以让你更为快捷、有效地解决实际问题，但是想要得到好的结果，必须有大胆的假设、谨慎的思维。在做出假设之前，必须以真实数据和事例为出发点，即便在很多时候我们不能找全所有的资料，那也要凭借已经掌握的信息，运用自己敏锐的直觉来设想最有可能的结果，从而判断可行的方案。

可以在项目开始实施之前，尽可能多地去了解实情，比如你可以多阅读一些相关的报刊和书籍。这样做不单单是为了寻找资料，也是为了对项目有深层次的了解。比如，你可以了解到行业的基本特征，大体的现状等等的方方面面，也可以从中找到行业内的专家，向他们学习一些经验和解决问题的方法。

在起初，不必要找到周全的资料，只要对其有足够的认识和了解就可以了，最好你所处理的问题和你的行业背景相符，那么在专业知识的铺垫下，假设起来就会轻松很多。

不要忽略脑海中的每一个灵感，因为那很有可能就是一个可行的假设，一把开启问题的"金钥匙"。

粗略检验假设

要明白，假设本身并不意味着最终的结果或答案，它更多代表的是一个需要被求证或被辩驳的最初理论。所以，无论在查找资料中，还是在阶段会议上，无论是自己一个人，还是和团队并肩作战，都要实时地对初始假设进行正确率的判别。可以这样问自己：如果要证实眼前的假设，那么哪些是这些观点的必要的成立条件？如果其中任何一个条件是否定的，不成立的，那么假设将会失去意义。利用这种方法，可以在很短的时间内证明假设的正确性，当你需要在很多个假设中做排除法时，这种方法可以起到很关键的作用。

假如初始假设是正确的，那么项目进行到尾声时，它就会被展现在汇报材料上；假如初始假设是错误的，那么在证实假设的过程中，你会发现错误的所在，从而找到正确的解决途径。在那时，记得将你的初始假设记录下来，无论它正确与否，都是你解决问题的途径。

除此之外，不要过于追求假设的正确性。项目的初始假设并不像考场上的数学题一样，追求满分的正确率，要知道，项目更重视的是质，而不是量。打个比方来说：在商业中，推出的新产品的着重点并不在于它可以给公司创造100万美元的收益还是1000万美元的收益，而是要把目光放在商品的前景和方向上，而非是那些精确的数字。如果选错了方向，那么将会失去更多的利益。

不得否认，在大多数情况下，由于时间的限制，我们没有办法掌握足够的资料和信息，这意味着没有办法去准确地分析数据。这时，很多有经验的领导者是可以凭借着直觉做出准确的假设，并根据假设做出可行的决策。当然，如果你的经验并没有那么丰富，或者你对某一个假设保留迟疑的态度，那么最好不要妄下结论，可以在有限的时间内多找一些资料来辅佐你的假设，提高它的正确性。

麦肯锡常常以初始假设为判断，讨论问题的解决方法，他认为在任何项目中，假设都具有解决问题的神奇功效。

可以尝试着从关注的问题中做出假设，比如非商业性的假设——全球变暖的问题，从中根据你的思维和立场提出你的假设。这些假设都是正确的吗？如果要验证你的假设，需要考察哪一方面的资料呢？当然，如果对此并不感兴趣，那么可以从你的工作中遇到的问题做一个假设，如果要让其中的每一个假设成立，那么现在你要做的就是对每一个假设进行验证。

检验初始假设

当你已经建立好了最初的假设，那么首先要做的就是验证一下你的假设是否合乎常理，这就如同你设计了一张路线图、查找路线图中有没有死胡同的道理是一样的。你要考察的方向并不是你的假设是不是最优质的，而是你的假设是否考虑周全，是否涉及了提议中每一个关键点，并且要检验清楚，假设是否具有可行的操作性。

很多时候，项目组集体设计出的初始假设要远远比个人的创作具有可行度，原因在于很多人不会对自己的思维进行正确的判断，我们需要别人的客观性来检讨自己的观点，为此，由几个人组成的讨论组设定的初始假设更有准确率和可行度。

所以，当第一次召开会议时，往往会出现"百花齐放"的壮观局面。因为每一个人都有自己的思维和想法，所以每一个人都有独到的见解和假设。对此，不要否认每一个和你意见相左的假设，要善于将所有的假设和自己的假设相对比，并验证每一个假设的正确性。如果你是项目团队中的领导者,那么你更应该成为大家的领袖,带领你的组员们进行换位思考,问一问大家:"如果他的假设成立,那么我们应该怎么去做?"对此,会有很多不切实际的观点,这也是讨论的乐趣之一。

直接寻找解决方案的个别情况

解决问题的前提条件并不单单只有前期的初始假设,这就如同麦肯锡解决问题的其他规则一样,凡事都不具有唯一性。初始假设的优势在于,可以更有效地推动组织的进程和思考。可在有些时候,客户知道问题的存在,但找不到出现问题的缘由;有时项目的伸展性太宽,光是使用初始假设会找不到切入点;有时会在项目中发现新的问题,这样就不得不重新寻找其他的可行方案。

当遇到了以上几种问题,请不要灰心丧气,因为麦肯锡人的经验告诉我们,没有任何一个项目的解决是一帆风顺的,多多少少都会在分析和解决的过程中遇到新的难题。但这时,因为有了足够的经验和事实,新问题的解决也只是时间问题而已,只要将自己敏锐的直觉和事实结合在一起,那么解决方案就会很快浮出水面。

🔍 **案例**

哈米什·麦克德莫特曾是麦肯锡的项目经理,他讲述了这样一个真实的故事。

在工作期间,一家大型银行曾找我做一个关于提高外汇业务业绩的项目。客户公司的目标为将银行后台的运营成本减少30%。这是一个很庞大的数字,那时候我一直毫无头绪,我想不出任何一种可行的假设,实话说,我对这个项目的了解少之又少。

为此,我专程找到了客户团队的负责人,和他进行了正式的交流。对方的态度让我大失所望,只听负责人大言不惭地说:"如果你们对此一无所知,那么只会出现两个后果。第一,你们会做出一些不可行的建议,这些建议注定对于我们起不到任何作用;第二,你们可以听取一些我们已经得出来的结论,对此实施,但你们的参与不会给我们公司创造任何的利益和价值。我知道你们为此付出了很多的精力和时间,但是对我们而言,你们完全是在浪费我们的时间和金钱。"

虽然他对我的态度不是很友善,但是最终他还是将掌握的资料整理给了我。通过研究,其中的某一个产品虽只占据银行业务的5%,但它的成本竟然占了总公司业务成本的一半,我想,假设可以改变这一产品的状况,那么解决问题就指日可待了。在余下的时间里,我们针对此产品设定了解决方案,并在很短的时间内解决了问题,帮助银行的后台减少了接近40%的成本。

✦ 实施指南

要切合实际地对待需求的反应,面对突发状况时,要根据实际需要谨慎处理。当然,不要放大状况的存在,因为在特殊情况下,很多的状况会自行消失。要把时间和精力投入到有必要的工作上。

"允许例外的存在"是麦肯锡解决问题规则的特征之一。麦肯锡很清楚初始假设在成功解决问题时的位置——它不是先决条件。初始假设虽然益于组织推进及思考,可实际情况是,我们找不到问题的关键和来源,甚至因为项目的局限性让假设无从推断。在为此而伤神之时,麦肯锡人会告诉你不是秘诀的秘诀——无论任何商业问题的解决，都是以事实为基础的。在事实充沛的情况下，解决方案的形成只需你用创造性的思维把这些事实结合在一起就行了。

此外，麦肯锡人从来不会被问题的严重性所吓退，而行家里手却常会如此，这是为什么呢？因为前者清楚问题的生成和存在是依附关系，而后者却一味"当局者迷"，并且自高自大。前者已经在切合实际地顺藤摸瓜了，后者还陷在惯性思维里。当前者的解决方案获得支持时，后者才意识到自己把时间浪费在了哪里。

因此我们说解决方案不是难找，而是切合实际不容易被践行。麦肯锡人之所以能一次次从困境中成功突围，其缘由便是对解决方案中个别情况的重视。而常规情况对麦肯锡人来说，从来也不会轻视。这是全面思考的体现，更是不遗细节的获胜。同时这也是麦肯锡人对初始假设客观看待的心境所在。所以，解决方案对麦肯锡人而言，不存在找不到这一说。

一切事实和假想都必须建立在结构之上

虽然通常麦肯锡使用这一"以事实为基础"的术语，可解决问题的过程却是从结构开始，而并非始于事实。结构不但是思维工具之一，更为重要的是，它是一种生活理念。

解决问题的分析框架被称为结构，详细地说，就是先界定问题，然后再细分问题，继而才能对问题做进一步的剖析，这时再把可能成为解答的假设找出来。结构化概括地说，就是记录下每一个最高一层的建议方案，接着将它划分成问题。一个正确的既定建议方案会有哪些问题产生，然后将各个问题的可能答案进行考虑，这时再进行到下一个层次。当你的初始假设正确时，那么对问题的解决，只需实事求是地分析这张图的细节，并填上文字即可。下面，你要记下各个问题的下一个或两个层次的细节，以便在对各个假设证明或反驳时，把你所需要的分析加以确定。

常常令离开麦肯锡公司的人感到震惊的是许多公司松散的思维过程。其实大部分人与生俱来就没有这种缜密的系统化思维方式，需要通过后天学习才能掌握。令人遗憾的是，对于这方面的内容，大部分大学课程都不涉及，而这种技能培训也很少有公司有条件、有意愿对员工来进行。在美国商界，甚至一些最负盛誉的企业，对于使用系统化方法来解决问题也未必重视。

✱ 实施指南

我们已经了解到，系统化思维对任何商界人士而言，在对问题解决的所有武器中有着至关重要的作用。

企业管理层现在根本无法把所能接触的信息全部加以利用，因为信息实在是太多了。对这些数据唯一的管理办法，就是将最有用的资料从中筛选出来。不管哪种方法被采取，麦肯锡的咨询顾问利用严格结构化的分析方法，都可以在众多类似的商业案例中将摆在自己桌子上的原始材料快速纳入一个有条理的框架，并掌握客户所提问题的本质，进而可行的初始假设便形成了，如此一来，完成这项工作的效率被极大提高了。

结构不存在，观点就无法成立。从你公司的角度想一想，做一番在工作中你和同事是怎样将观点提出和表达的思考。在解决问题过程中，是否将连贯的结构加以使用了？或者是否把有必要保持内在的一致性和逻辑性给予了足够的强调？是否往往轻率地做出决定，却没有借鉴大家认可的结构，也没有将事实作为依据？

无论你在哪一行业，对自己公司的问题都可以运用这一法则来透视。"严密假设，小心求证"应当极为重视，却不能"天马行空拍脑袋"，这对你在竞争环境中快速建立一个印象不仅有帮助，而且还有助于你对环境可能发生怎样的变化形成一个观点，更有可能把解决方案的取得时间控制在合理的时间范围内，从而为企业创造更多的价值。

怎样将这把利器利用起来？

使用议题树全面验证假设

逻辑树经过演化就成了议题树。它的本质是各要素构成的分层结构。议题树的出现是为了将某个假设必须解决的一系列问题进行证实或证伪。议题树搭起了一座桥梁，联系起来了结构和假设，然后简化现实情况，将一些复杂的问题拆解开之后，它们就会变得很容易理解，因为无序的问题都随着议题树的创建而变成了有序的问题。

把框架结构加以利用，从中产生的每一个问题都能够分解成若干子问题，接着进一步来细分子问题。议题树的创建，便可显示出所有的问题和子问题。如此一来，你根据初始假设就可以确定要对哪些问题进行提出，分析的路线图便可以用在这些问题上。在分析过程中有了议题树，你遇到死胡同还可以迅速远离，在议题树构建完善后，那些需要你完成的研究与分析任务就已经被勾勒出来了。

怎样做可以把议题树这种结构模式充分使用起来呢？

第一步，要弄清哪些是最重要的议题。

经过一阵的团队讨论，你将事关假设是否成立的三个议题分离出来了：把处理过程缩短能否使成本降低？企业能否实现必要的转变？产品质量在这种转变实现后能否保证？在初始假设下面的那一层放上这些议题（见下图）。保证初始假设成立的前提是这些议题务必成立。

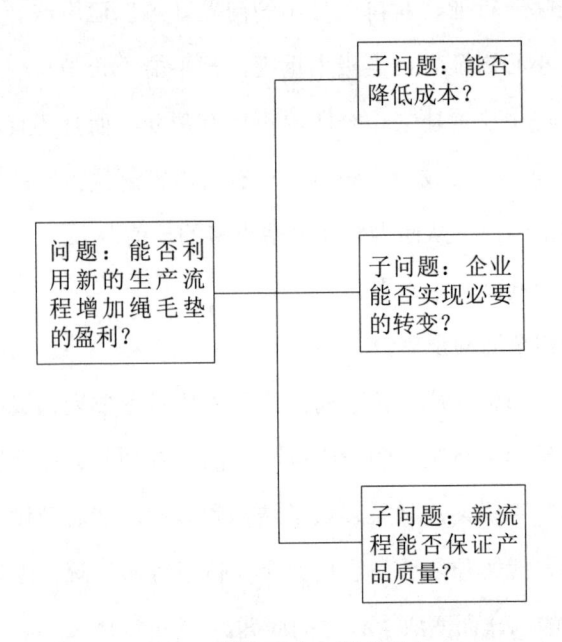

```
                            ┌─── 子问题：能否
                            │     降低成本？
                            │
┌─────────────┐             │
│问题：能否利 │             │     子问题：企业
│用新的生产流 │─────────────┤     能否实现必要
│程增加绳毛垫 │             │     的转变？
│的盈利？     │             │
└─────────────┘             │
                            │     子问题：新流
                            └─── 程能否保证产
                                  品质量？
```

Acme装饰品公司议题树

第二步，在子议题树上下工夫，把每个问题一级级向下扩展。

更多的问题才能促成前面三个问题的答案。细分问题是麦肯锡人对问题界定的一般方法。其原因是什么呢？通常情况下，一个复杂的问题是可以被若干个简单的、可单独解决的小问题分解开的。麦肯锡所处理的问题，或者相当笼统，要想解决必须进一步归类（像"如何在我们这个行业赚钱？"）；有时很是复杂（像"如果核心市场萎缩时，在竞争压力和工会要求下，怎样使股东权益得以维护？"）。当你和你的团队将问题细分为若干部分，问题的关键驱动因素就变得很明确了，这时方利于你相应地进行重点分析。

你的分析路线图随着每个问题一级级向下扩展逐渐成形。我们要对其中一个问题"企业能否实现必要的转变？"进行深入挖掘，看看我们将被它将带到哪里，你会发现很多子问题被这一问题引出来了（见下图）。

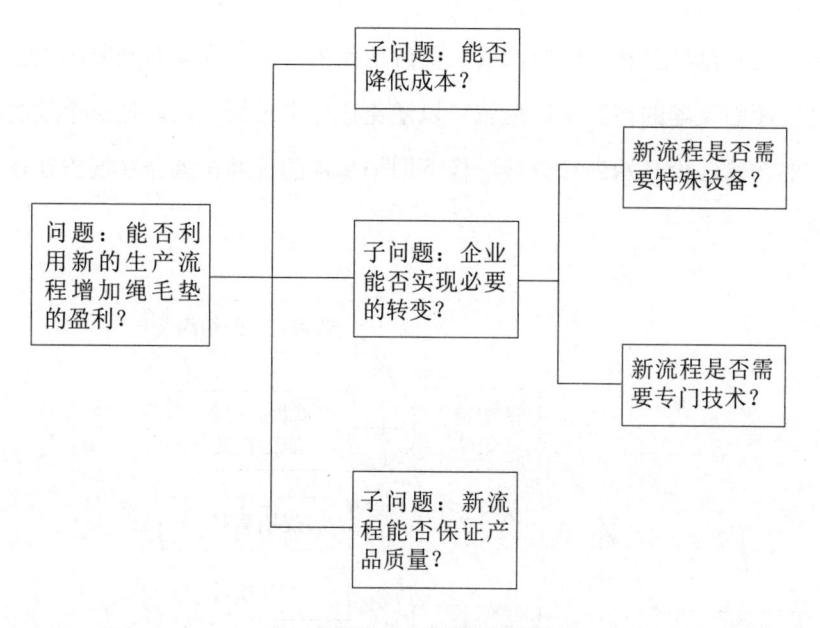

```
                    ┌─ 子问题：能否
                    │   降低成本？
                    │
                    │                    ┌─ 新流程是否需
                    │                    │   要特殊设备？
问题：能否利 ───────┼─ 子问题：企业 ──┤
用新的生产流         │   能否实现必要    │
程增加绳毛垫         │   的转变？        └─ 新流程是否需
的盈利？             │                       要专门技术？
                    │
                    └─ 子问题：新流
                        程能否保证产
                        品质量？
```

Acme装饰品公司子议题树

  这其中的一部分是来自于最早进行的头脑风暴；另一部分则是你花费一些时间具体思考这个问题后提出的。你需要弄清各个子问题之间的逻辑顺序，这与处理主干问题的规则一样。我们做一下练习，假设两个子问题是这个问题的分支：在进行缩短时间的处理后，新的生产流程是否正需要我们现今所没有的特殊设备？是否对我们尚未掌握的专门技能也同样需求？对于这两个问题，理想的答案当然是"否"，便没有必要继续深究下去了。但是，当哪一个答案出现"是"，这时就不能马上推翻假设了，而是会将更多必须回答的问题引出来。像问题是关于设备的，就问一问："我们是否可以制造或购买？"当否定答案是沿着议题树提出来的问题得出的，那么你的假设也就不成立了。

  第三步，构造初始假设，将这些建议分解到各个层级的各项议题中。

  当你给出了正确的建议时，它会产生哪些问题？好好考虑一下这些问题的答案。对于每个问题，想要证明假设是对是错的话，你会用什么样的分析方式？以经验和团队内部的大量讨论作为根据，你就会判断出被证实的会有哪些议题的答案了。这就可以避免让你走进死胡同。把每个议题都从你的初始假设开始进行分解，像下图中那样的议题树就会在展露在你的眼前。

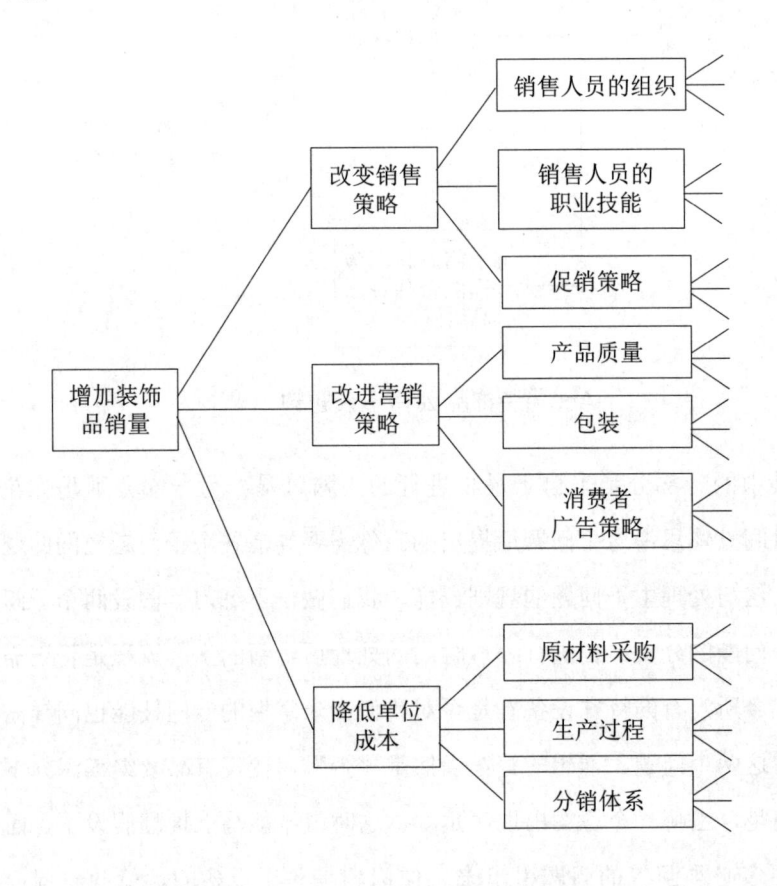

```
                                    ┌─ 销售人员的组织
                    ┌─ 改变销售策略 ─┼─ 销售人员的职业技能
                    │               └─ 促销策略
                    │               ┌─ 产品质量
增加装饰品销量 ─────┼─ 改进营销策略 ─┼─ 包装
                    │               └─ 消费者广告策略
                    │               ┌─ 原材料采购
                    └─ 降低单位成本 ─┼─ 生产过程
                                    └─ 分销体系
```

Acme装饰品公司的议题树

这只是简单的分析部分，而在你做深入研究来证明假设的时候会出现更加困难的问题。

想要增加装饰品的销量，我们可以通过如下方式来实现：

将我们销售装饰品到零售网点的方式作以改变。

将我们向顾客营销装饰品的方式改进；

把装饰品的单位成本降低。

注意事项：在使用逻辑树或者其他结构框架时，要时刻考虑你的最终受众。

许多人在看到结构框架后，会不由自主地产生抵触情绪。我们在麦肯锡往往听到："唉，你用在我这里的方法是别人用过的，但我和他们是不同的问题啊！"

对于事实本身，我们知道它可能并不是我们认识的那样，有时我们看到的、记住的只是事实的冰山一角。就算是同一个事实，也有很多不同的方面呈现在我们眼前，你的最终受众看到的事实未必就是你现在看到的。由此可见，我们现在所建立的结构从某种角度说是为了开阔思路，通过把关键问题系统地罗列出来加以表述，便能于细微之处看到最终受众真正需要的东西。

出于这样的目的，当你在建立框架结构时，一定要态度慎重，不要随意套用别人的模板，因为它或许会给现在的问题带来负面含义，尤其当使用过度时，负面效果更可能会产生。所以，对于陈旧的框架结构应该降低其使用频率，要想对问题的解决有益，就只有根据框架结构的概念进行以事实为依据的持续不断地创新扩展。

二八法则，关键驱动因素是一把金钥匙

在麦肯锡公司，有两个名词经常被提及：

关键驱动因素

也许你会觉得"关键驱动因素"这个词有点生硬，但它却每次都会

出现在麦肯锡的内部讨论会上,比如,"吉姆,我认为问题的关键驱动因素就是它了。"不可否认的是,大部分商家的成功都取决于各种各样的因素,不过其中总是有一些因素比较特殊,麦肯锡称为"关键驱动因素",它们要比另一些因素更重要、更有价值。比如现在有100个不同的因素(气候、客户信心、原材料价格等),影响某个产品的销售额,但最重要的因素是X、Y、Z,其他因素无足轻重。

二八法则

二八法则不仅是管理顾问学当中最重要的真理之一,同时也被认为是商务经营上最重要的守则之一,更是麦肯锡的咨询顾问赖以生存的法宝。它的含义就是"80%的效果产生于20%的分析样本",虽然这是一条粗略的估计规则,但却是描述了大多数的事实。

🔍 **案例**

艾森·拉塞尔(Ethan M.Rasiel)曾任麦肯锡公司咨询顾问,他对"二八法则"的应用有着自己的切身体会:

我在麦肯锡看到一直在起作用的是"二八法则"。它具有的强大功能令我频频赞叹,而且已经成为我解决问题的经验法则。

第一次在麦肯锡做项目时,我还是商学院的学生。我加入了一个项目组,这个项目组与纽约的一家经纪行进行合作。经纪行的董事会希望将股票出售给大型养老基金,和类似于富达和T.Rowe Price的共同基金,借此提高其证券经纪业务的盈利能力。

面对客户提出的"如何才能提高我的利润"这样的问题,麦肯锡首先要做的就是后退一步,反问一句:"你们的利润来自哪里?"这个问题的答案有时候并不容易作答,即便回答问题是那些从业多年的人,可能也不是立刻能给出准确答案的。所以客户把这个问题又抛回给了我们，为了回答客户提出的这个问题，项目组要仔细检查客户的每一个经纪人和交易员的每一笔账目。研究这些海量的数据，花了我们几周的时间，通过对数字进行计算，我们首先发现：

80%的销售额来自20%的经纪人；

80%的订单来自20%的客户；

80%的营业利润来自20%的交易员。

这些结果意味着什么呢？客户在分配其员工资源方面存在严重问题。随着研究的展开，我们就发现实际情况远比我们设想的"80%的销售人员很懒惰或者不能胜任其工作"更严重。我们发现，客户有3个最强的交易员操纵着10个最大的账户。最终的解决办法是将更多的经纪人分配到了这几个大账户，比如，把一名高级经纪人和一名初级经纪人指派给最大的3个客户去开发更多的项目，随着销售量的增加，他们把"蛋糕"做大了。

✣ 实施指南

想要更好地理解关键驱动因素，我们可以打个比方：你有十把钥匙，但其中只有一把是能打开大门的，其他钥匙只能插入锁孔，但是无法转动，更别提打开大门了。关键驱动因素也是这样，它就是让问题得以迎刃而解的钥匙。

关注关键驱动因素就意味着你的工作重点是钻研问题的核心，将完整的、以事实为基础的分析运用于此，而不是把整个问题撕成一层层、一片片的小问题去逐个解决，那样太耗时耗力了。关注关键驱动因素可以有效地避免大海捞针式寻找所需的所有知识，更不会因为盲目而走进死胡同。

"二八法则"是由经济学家维尔弗雷多·帕雷托（Vilfredo Pareto）

在研究意大利经济形势时总结出来的。他最初发现情况是这样的：20%的人口占有着80%的土地；80%的豌豆是由20%的植株产生的。随着研究的深入和调查样本的多样化，帕雷托发现这样这样一个普遍规律：对于任何系列的研究要素，那些可以产生大部分效果的要素往往就是所有研究要素中的少数派。后来，这一发现就演变成为"二八法则"，并被广泛地认知和应用到商务活动之中。

若是你关注过或者做过相关的数据统计，你会发现：一个公司80%的销售业绩，主要是来自于20%的行销企划，全国财富总值的80%是由总人口的20%的人占有的。想要找到问题的解决方案并没有你想象的那么难，如果你能随时注意你事业中80/20的情形，将会让工作变得轻松起来。尽管二八法则主要是关乎数字的，通过它未必能带来直接的、正确的见解，但是对于激发你提出新的问题、进行新的分析、弄清问题还是具有不可忽视的助益效果的。

在工作的时候，二八法则给我们的重要启示之一便是：你同时无法做好几件事情，所以只能将大部分精力集中在一件最核心且真正重要的事情上来做。这个启示可以浓缩成四个字——事半功倍。反之造成事倍功半结果的原因往往是你把80%的精力放到一些无足轻重的事情上，所以仅仅取得了20%的成效。

我们可从关键驱动因素和二八法则中引申出更多的见解，比如充分理解"正确地做事"和"做正确的事"的区别。在开始工作前必须先确保自己是在"做正确的事"，这可以算是麦肯锡卓越工作方法的最大秘诀。为什么麦肯锡会有这样的认识呢？

"正确地做事"强调的是效率，它能带着我们按部就班地朝目标迈进，当然是以最快的速度；"做正确的事"强调的则是效能，它与速度的关系并不紧密，但却可以确保我们的工作是在坚实地朝着自己的目标迈进，保证我们所付出的都会带来回报，而不是竹篮打水一场空。换句话说，做一件工作的最好方法就是讲究方法，它等同于重视效率，而重视时间的最佳利用的同义词则是取舍得当，它等同于重视效能，是一种关乎对错的选择，其中不仅包含你应该去做的事情（对的），也包含着你不应该去做的事情（错的）。这其中的"正确的事"便是在整个项目中起着决定性作用的"关键驱动因素"和"二八法则"中的"八"。简言之，"正确地做事"是执行问题，属于方法论；"做正确的事"是企业战略，属于价值观。对企业的生存和发展而言，"正确地做事"是保守的、被动接受的；"做正确的事"则是进取创新的、主动的。

由此可见，第一重要是效能而非效率，做正确的事远比正确地做事更能彰显职业素养。在对二八法则深刻理解后，践行于自己公司的工作时，才能让关键驱动因素体现它金钥匙般的巨大功能。

别啃鸡肋，理顺分析的优先顺序

对分析热衷的人面临巨大的诱惑之一是常做的不是相关的分析，而是有趣的分析。你有责任在制订分析计划时，扭转团队的这种倾向，这其中当然也包含你自己。

因为当时间有限、资源有限的时候，你会面临两个同时向你挥手的目标：迅速、准确。而且它们有时候会是对立的关系。身处这样的局面时，想要两全其美，你必须找出最重要、最有利的问题进行优先分析，而稍后分析那些相关度较小的问题，并把不相关的问题完全忽略。

麦肯锡的秘诀正是这样的：作为分析设计的第一步，就是不要尝试把所有的事情都去分析，而应有所选择，一定要把必不可少的分析有哪些、能"快速制胜"的分析有哪些（完成较容易）、看起来必不可少其实无足轻重的分析有哪些搞清楚。在工作时要更聪明而不是更辛苦，与假设无关的分析要丢到一边，如此才能做到事半功倍。

这个结论对于资源有限的小企业特别适用，因为它们无力去大海捞针。就算是你用了一天的时间来区分正确与错误的答案，那也绝对是值得的。

🔍 案例

野人娱乐公司的查考·索尼这样描述他的团队对软件调试问题（此步骤是软件开发过程中的关键）的解决方法：

虽然我们必须完全找出软件的所有错误，因为即便是让20%的错误混入发布的产品，这样的后果我们也是承担不起的，但我们确实在寻找出现问题的原因时采用了二八法则。程序代码中相同的错误在很多情况下，会有各种不同的症状表现出来。我们不是对错误的每一种表现进行跟踪，而是将某个主要错误引发的80%的影响揭示出来。如此，就为错误原因的发现提供了线索。我们可以解决代码中的重大问题，而对这个错误的每一种影响不必费时费力一一搞清。从一开始，那些对产品有着广泛影响的关键错误就被我们设法找出了，随后我们将余下20%的问题进行了处理，使产品最终达到了上市销售的标准质量。

✴ 实施指南

理清事物的优先顺序是对二八法则的实践应用，这里面还是大有学问的，下面就来详细解说一下：

处理问题前：要关注大画面，开始时就怀有最终目标

在一片丛林里，我们走进去开始清除矮灌木。当我们将这一片灌木林好不容易清除完时，本以为终于完成了一项艰苦工作，于是准备享受一下此乐趣，直起腰来却猛然发现，旁边还有一片丛林，需要清除的根本就不是现在这片丛林。在工作里有多少人就和这些砍伐矮灌木的人们一样，埋头砍伐矮灌木成了惯性，从来不先想一想要砍的是不是这片丛林。

从工作一开始时你就需要知道两件事：自己的目的地在哪里（问题是什么、想要实现的目标是什么）、自己现在在哪里（我已经掌握了哪些资料、做了何种措施）。如此养成一种理性的判断规则和工作习惯，这样才能保证你迈出的每一步都是方向正确的。可不要在浑浑噩噩地忙忙碌碌了一大段时间后，才发现自己在浪费生命、做无用功。

处理问题前：编排行事优先次序

总是不能静下心来去做最该做的事，或者是被那些看似急迫的事所蒙蔽人们常会犯一种习惯性错误，那就是按照自认为的事情的"缓急程度"决定行事的优先次序，而不是首先衡量事情的"重要程度"。所谓"重要程度"，即指对实现目标的贡献大小。对实现目标越有贡献的事越是重要，它们越应获得优先处理权；对实现目标越无意义的事情，越不重要，它们越应延后处理，甚至完全忽略不计。简单地说，就是根据"我现在做的，是否使我更接近目标"这一原则来判断事情的轻重缓急，决定谁是首当其冲被"处理"的。

事情的四个层次

1. 重要而且紧迫的事情

这类事情在你的工作或生活里最重要且是当务之急，你的事业和目标的实现就靠这些事来左右，或者非常影响你的生活质量，总之它们值得优先去做的原因大于其他任何一件事情。你只有合理高效地解决了这些事，才有可能顺利地做别的工作。

2. 重要但不紧迫的事情

具有更多的自觉性、积极性、主动性是这种事情对我们的要求。某人处理这种事情的好坏足可看出其对事业目标和进程的判断能力。其实生活中大多数真正重要的事情都未必紧急，比如锻炼身体、读几本有用的书、节制饮食、休闲娱乐、培养感情等。这些事情对我们重要吗？我们的健康、事业还有家庭关系被它们实实在在地影响着。它们急迫到非做不可吗？当然是不。因此这也是很多时候我们将这些事情无限期拖延下去的缘由所在。

3. 紧迫但不重要的事情

这样的事情事实上随时随地都会出现。由于你明天安排去图书馆查找资料，因此现在已经洗漱停当准备休息。电话却响起，你被朋友邀请即刻去泡吧聊天。你怕朋友失望而没有勇气回绝，然后就去了。次日清晨你回到家头昏脑胀，昏昏沉沉了一整天。别人的事情牵着你走了，而你就这样没有做成认为重要的事情，以致你在很长时间里都比较被动或郁闷。

4. 既不紧迫又不重要的事情

在我们的生活中这样的事情出现频率较高，它们的价值通常微小。比如饭后看电视，手握着遥控翻来翻去毫无目的地看着节目。后来发现接受这些电视信息不如读几本书有意义，甚至不如在跑步机上跑跑步。类似这样的芝麻绿豆事在普通人生活里比比皆是，如果你的绝大多数人生都消耗在了这些事情上，甚至毫无节制地沉溺于此，我们大量宝贵的时间就会被浪费，那么成功离你渐行渐远也是可以理解的。

处理问题时：经常自问是否一直走在"以大局为重"的路上？

麦肯锡的一位前项目经理如此说过："'以大局为重'是我在公司的那段时间里学习到的最有价值的事。我们需要后退一步先搞清楚要解决的问题，然后对照手头的工作看一看，'这真的是最重要的工作吗？'做一番这样的自问。"

在为客户或者公司处理某个复杂的问题时，意味着你需要花费很多时间在上面，也意味着你可能因此迷失方向。真正的目标往往被众多的目标所蒙蔽。当自己已经徘徊不定的时候，就是确实需要停下来了，此时有几个基本的问题需要自问一下：手头做的事情是否服务于全局（那些支持你的基本假设的核心议题就是所谓的"大局"）？团队是否被它引领着走向目标？你对问题的解决是赖于现在所做的工作吗？它是怎样将思考推进？手头是否在做最重要的事？为何还要继续对解决问题无意义的工作？

如果答案是否定的，那就代表着这些耗费了时间精力的事情并没有你当初预想得那么重要，它们似乎在使你离解决方案更进一步方面起不到什么作用，这完全是浪费时间的作为，因为一天只有24小时，24小时里你只能完成几件事，若是把时间耗费在鸡肋一样的事情上，那么真正重要的事情就会被耽误了。这就像是你的钱包只有这么大，你是想用一角钱面值的硬币装满它呢？还是用100元面值的纸币装满它？对一天或一周的工作进行回顾后，若是你发现任何"最终产品"都未思索出来，收获的只有手头那些毫无价值的待解决的问题，会有什么样的感觉呢？那种感觉与你打开鼓鼓的钱包后，发现里面只有一堆一角钱的硬币是一样的令人感到沮丧。

善用前辈经验，少做重复劳动

我们往往有这样的认识：时间很充裕，完成任务并不难，我们可以在预想的时间内提前完成任务。而且，我们不仅这样要求自己，也是这样期望别人的。但现实中却总是会发生不尽如人意的意外，正如著名的墨菲第二定律所言："每件事情做起来所用的时间都比原来想象得要多。"最后，那些胸有成竹的时间预算都变成了不切实际，最危险的想法莫过于自我催眠地认为自己和别人都可以超越时间的束缚、跑在时间的前面了。

这种矛盾局面导致了你必须认识到时间很有限，如果你凡事都事必躬亲的话，很可能难以完成任务。这就告诫我们，工作有时候要靠巧劲，找找省时省力的捷径，而并非用尽蛮力、自作自受。现今社会是个数据饱和的世界，有限的个人时间和无限的知识正在激烈碰撞，因此明智的选择便是依靠和利用团队成员的知识、经验和能力来共同完成项目，千万不要狭隘地担心别人抢走你的功劳。

对于大多数商业问题而言，其相同点都多于不同点。这也就是说广泛的问题只需运用少数几个问题的解决方法就可回答了。在你同事的脑子里、书本上、组织里可能就有这些方法。对他人的经验尽量多学习，平时试着将职场中较有经验的人找出来，并成为你学习的对象。

案例

PD（研究成果）网（麦肯锡公司完成了所有PD网的电子数据库的工作。内部研究以及从前对客户研究的成果都包含在内。公司出于保密的目的在将内容存入系统之前，把客户的真名和部分数据隐去了。）是麦肯锡的一个电子数据库，最近的项目和内部研究的报告都在这个数据库里。

咨询顾问在麦肯锡工作得更聪明而非更辛苦的缘由就是还有许多其他资源的帮助。不错的商业图书馆就包括在这些资源内，所有你感兴趣的商业期刊和书籍都可从中找到；各大主要的商业数据库与图书馆还有对接。

在图书馆里，最重要的是有兢兢业业工作的信息专家为咨询顾问们提供信息，他们会竭尽所能。由专业领域里的专家组成了一支卓越的研究团队也在麦肯锡里坐镇。

艾森·拉塞尔曾任麦肯锡公司咨询顾问，在他还是个入职一年的顾问时，从网上搜索那些对现在的项目有所启发的事件是他在项目初期的工作之一。难以避免的是，在PD网搜索到的结果可能是海量的文件，但真正相关的文件却只是少数。这算是一个较为繁重的工作，但是不可或缺。

一家大型计算机硬件和软件制造商的财务部门是艾森·拉塞尔所做第一个项目针对的客户，客户的期望是在国际市场上扩大份额。对海外分支机构的财务和管理、大型联合企业怎样管控、它们管理方法的利弊都有哪些等是客户希望了解的事情。项目经理将这个项目指派给了艾森·拉塞尔。找到一些对客户可能会有用的东西，并近距离了解世界上最大的四家大型联合企业花了他三个星期的时间，但工作远未结束。

所幸的是，麦肯锡另外一个团队最近刚刚整理了他项目里一家最复杂的目标企业——戴姆勒·奔驰的组织概况。他由此知道了研究戴姆勒·奔驰的专家名字才是更为重要的事，以后可以请教他们所遇到的问题，充分利用这些前辈的经验。艾森·拉塞尔因此省下了至少一个星期的时间，也有了更多时间去研究其他公司，团队也能完成一份给客户印象深刻的文件了。

实施指南

我们应该到哪里、找何人来善用他们的宝贵经验呢？

行业里的榜样

俗话说"人外有人，天外有天"，这话也适用于商业领域。在行业里表现最好的人是值得你去特别关注的，他的一举一动、他的观点做法都是学习的内容，如果你善于效仿，那么定能在工作陷入瓶颈的时候，借由他们的经验来迅速地将自己带离困境。

公司内部的前辈

在公司里，拥有最佳经验的人并不难找。你仔细观察一下，某个人、某个团队、某个部门的表现最好，他们就是最值得你去借鉴的。先找到他们如此优秀的原因，然后再想想怎样才能将他们的经验推广到整个公司，这是非常聪明的做法。

当你遇到疑难问题时，在某个地方或许都有人已经研究过类似问题了。可能你的公司就有这个人，而解决你的问题没准儿只需打个电话就可以了；他或许工作在其他部门，但都在同一公司，这时你要找到并认识他们。然后依靠他们的经验来继续研究你的问题，找到解决问题的方案。这种做法会为你节省很多时间和精力。别人已将事情做好，为什么还要把宝贵的时间浪费在重复劳动上呢？就像是停电之后，你应该去买蜡烛，而不是去做蜡烛。

或许你不能使用PD网，可当你工作于一家大公司时，例如培训手册、数据库、文件和同事等的"公司知识库"或许能够获得。即使你是孤军奋战，能利用的信息也呈现海量式，例如数据包、行业杂志以及（近年来极为重要）互联网。别小觑公司的图书室，你只需用上几个小时也会将大量的信息和有价值的资源找到，有些内部资料只有这里才有。

行业里一切有价值的人

但是想要找到最佳经验，图书馆绝对不是唯一的选择。你要把创造性的思考展开来。假如掌握了最佳经验的是你的竞争对手，当然他不会把秘诀告诉你。但你可以将交流范围扩展到行业里的其他人，例如商学院同学、华尔街分析师、顾客、供货商等。因为即便处在不同的行业，你仍然可以获得大多数公司的第一手的年报资料，并进行分析，以此获得公司的"数据偏好"来为自己所用。

自圆自说？很可能大错特错

不可否认，我们有时会自认为付出有了回报，认为所花费的时间和精力换成了一个十分完美的初始假设。在那时，人会骄傲自负，即使自己的假设出现了问题，也不会承认错误的真实性。还有的人会将假设直接当作问题的答案，以此为目的进行策划，把这个过程当作了认证自己假设正确性的过程。

这时，根据麦肯锡总结的经验，你要了解到在现阶段，每一个结论可以验证什么？要知道分析本身具有它的局限性，万万不可四处寻找资料去验证你的假设，所有的假设都应该以真实数据为依据，不可以反过来验证。

🔍 案例

在一次保险公司的重要项目中，项目负责人曾向项目团队和客户团队的成员们担保——降低客户利润的关键点是阻断"利润漏出"，也就是说不可以不经过总体核算就支付客户索赔。为此，负责人让一名专业计算师找出过去三年中保险索赔的漏出率，很快，这位计算师完成了任务，但是结果表明，最近三年的"漏出"比想象中少很多，甚至不值得一提。

可是负责人并没有接受这个结果，更没有想到要去修改自己的假设，他反复地找人核对各方面的"漏出"。事实证明，无论是在汽车保险还是商业保险，都找不到负责人预期的"利润漏出"。

得知结果后，项目负责人忧心忡忡，因为他从来没有想到自己的假设会出现失误，这时候，一位客户团队的成员对他说："怎么了？难道没有找到预计的'利润漏出'吗？"

✦ 实施指南

通过几日甚至几周的讨论，你和你的团队终于设立了一个非常满意的假设，那时你会认为眼前的假设是完美的，是如此的精彩绝伦、新颖独特，但值得注意的是，不要因此而骄傲，而是在验证假设的真实度时，要格外的小心和谨慎。

每验证一条信息，你都必须做好十足的准备，因为很有可能事实证明，你们的假设是错误的。值得一提的是，曾有人批评经济学家约翰·梅纳德·凯恩斯与自己早期的言论相违，当时他是这么应对的："很简单，当事实改变时，我只好改变假设，你说对吗？"由此可见，当眼前的事实与起初的假设相违背时，最好的方式就是修改你的初始假设，而不是想方设法地自圆其说，更万万不可做出隐瞒事实真相来换取"我是正确"的行为。无论在何时，你的思维要保持开放性与灵活性，不要让那些自我感觉良好的初始假设成为自己的绊脚石，也不要因此让自己的思维受限，彻底打乱方案的实行方针，这一点尤为重要。

那么，如何才能避免此种情况出现呢？麦肯锡告诉我们——在出现情况时，可以暂时放下手头的一切，让自己的情绪冷静下来，问问自己在过去的那段时间里，你都有什么新的收获？这些信息是否对你的初始信息有益？从而帮助自己走出可能令人深陷的自负误区。

无计可施时，别为难自己

往往在我们解决问题的道路上都会布满了荆棘：有时候，用来证明假设的数据要么糟糕透顶，要么已经丢失；有时候，企业中的管理层和上下级之间有利益分歧，导致有些人愿意积极地配合你，而有些人则或冷淡或阻挠；有时候，通常企业对自己存在的问题意识到时已经太晚，当其他的咨询公司或麦肯锡提出来问题解决方案时，企业命运已经注定，方案没有可行性了。

如果你遇到了这两种情况中的任意一种时，依旧想着如何重新收集那些并没有实际意义的数据或使尽浑身解数来让某个企业起死回生，那么努力了一番的最后的结果往往是：你碰壁了。所以，当你从一开始就发现想要找到出路难之又难，小组里的其他成员也是同样的感受之时，那么就别再执迷不悟了，继续下去没有任何好处。这是麦肯锡的经验之谈，若是麦肯锡将所有的时间、人力、物力都花费在拯救那些完全不合作或必死无疑的企业上，那么麦肯锡没准儿也是同样的结局。

🔍 案例

艾森·拉塞尔是《麦肯锡意识》的作者，他与他在麦肯锡的非正式导师里一同参加了一项激动人心且有趣的研究。一家对重组投资管理业务忙碌不停的大型金融机构是他们的客户，而数十亿美元的资产、数以千计的员工是它面临的巨大挑战。对这个业务进行处理的麦肯锡团队里，不仅有他最喜欢的项目经理，并且还有他的导师，而对付这个富有挑战性且有趣的项目，这个团队简直就是个绝妙良方。

原本这个良方应该是成功的，但结果却是未能尽如人意。阻碍他们工作的是客户高级管理层的小派系。他们对我们要求提供的数据，要么根本就没有，要么提供的数据无法使用，要么迟迟不提供。我们和他们约见的员工也无法交谈，因为对方是拒绝的态度。只顾赶做自己工作日程的客户团队成员，甚至将早日达成解决方案作为牺牲的代价。我们在做这个项目的几个月里过得极其郁闷。最后，我们竭尽所能将建议提出以"宣告胜利"，然后撤退走人。

✳ 实施指南

当遇到类似这样的棘手问题时，其实也不用马上就灰心丧气、撒手不管，你可以先做出这三项努力：

1. 重新定义问题

你可以告诉客户，X不是他们的问题，而Y才是。如果你了解到对Y问题的解决会为客户带来的附加价值很多，而得不偿失的是纠缠于X问题，更要如此做了。你越早觉察到这一点，并做出行动，越能体现出你具有强大的商业判断力；反之，若你在几周后才认识到这个问题，提出改进意见，那么很可能会给别人留下逃避问题风险的印象并面临指责。如果设定的问题错了，那么你想出的伟大解决方案有时候在任何公司都是无法实施的。

2. 等待有利时机，尤其是来自客户方面的

重新定义问题之后，必然要对实施的方案进行调整。其实把一个理想化的方案作为设计目标并不难，难的是你是否有效利用了现有资源、并且根据后续的情况变化做出及时的、恰当的调整。当你觉得无计可施的原因是来自客户方面（比如某些人的阻碍）时，不妨先来考虑一下客户现有的人力资源，别为不能马上实施你的解决方案而担心，没准儿几天之后，能够令你的计划变成现实的人就会作为新成员出现在客户的公司，或是令你的计划变成无法实现的那些人会离开客户的公司，那时候你就可以逐步"调整"实施的方式，以便达到最好的预期结果。

3. 在政治难关上寻求突破

很多时候，解决企业问题的最大阻碍来自于政治，这里的政治不是国

家和世界的政治,而是企业中的政治。企业也是一个小世界,既有经济,也有文化,更有政治。企业政治可能阻碍你的工作,也可能会对你的工作起到积极的推动作用。想要利用好企业政治的积极作用,就必须认识到企业里都是实实在在的人,麦肯锡的项目组来到客户身边时,尽管你所看到的公司组织图上的人名都是小方框,你移动某个小方框的简单行为却可能会给某个人带来巨大的人生改变,其中既有好的改变,也有坏的改变。

客户中的一部分人会欢迎我们如同白衣骑士一样为他们挽回局面,为其带来变革;而其他人看待外部公司人员就像一支入侵的部队,他们会视自己在公司的权力大小选择逃跑或者对这支部队进行驱逐。一位前麦肯锡校友这样讲道:"客户的公司里至少会有一个部门抵触我们,不希望我们为问题提出真实的答案,没有这种情况的项目真是太少了。"

在多数情况下,当麦肯锡项目组引入高层管理人员时,公司员工会与他们欣然合作,为麦肯锡带来高效率。你遇到反对势力,通常就表示你的解决方案对公司的某个人具有负面意义。极少数的不满分子可能会抱怨甚至找麻烦,但最终他们都会被说服或者选择回避。但有时候,当一个强势派系利用外部公司人员与另外一个强势派系作斗争时,就会起争端。

不过,即使是政治问题也是可以解决的。商业领域的大多数人都是理性的,至少在自己经营生意时是这样。要攻克政治上的难关,就必须考虑你的解决方案如何影响公司里的各个利益方,必须让他们对公司的变化达成共识,这个共识要考虑他们的动机以及推进政治的组织因素。建立共识可能需要你改变解决方案,使它变得可以接受。行动吧,记住,政治是可能性的艺术,如果客户拒绝接受,设计一个理想的方案又有什么用。

若在进行完这两项"拯救"工作之后,项目依然停滞不前甚至更加看不到希望了,那么就不要为难自己了,因为你并不仅仅是一个人,而同时是一项资源,被无用的事情占用,便会失去在有用事物上发挥价值的机会。有时候，明智地放弃问题，也是解决问题的一种合理方法。

有备而来，会议前的准备工作

麦肯锡依靠头脑风暴来提出和检验初始假设。尽管"头脑风暴"这个词有时候会给人以"空谈、吹牛、天马行空、不着边际"的印象，但麦肯锡式的头脑风暴绝不是看似丰盛而营养价值低的快餐，也不是食之无味，弃之可惜的鸡肋，它是有效的、有价值的头脑风暴，是需要团队所有成员参加会议前都有备而来、事先做很多脚踏实地的工作、对研究的问题有所了解的头脑风暴。

✦ 实施指南

不管你是团队领导、还是普通成员，在麦肯锡，每一次头脑风暴前的会议准备都是有章可循的。

确定会议是否必要

首先，开会是必需的吗？还有其他更节省时间、更有效的方式来解决这个问题吗？

确定会议的目的

如果会议是必要的，那你期望这个会议达成怎样的结果？做出怎样的决定？取得怎样的行动方案？

准备会议议题

会议的主旨就是商讨议题，而议题就是需要大家共同讨论的核心内容。因此，这个核心内容一定要提前明确，并确保其科学合理、有针对性。如此，会议的目的才能达到。如果没有明确议题，就会出现开会时的场面混乱和会后大家都没有收获，面对上司质问而哑口无言的尴尬场面。

会议议题如何有效确定？一种方式，是由团队领导提出来；另一种方式，是在征求了团队大多数成员的意见之后，将会议议题按轻重缓急的方式排列出来，拟成一份"近期会议安排议题"的书面材料，报送相关负责人审定之后，再纳入正式的会议计划。一般情况下，这份书面材料所包含的议题按照顺序逐条排列即可。另外，建议重大议题以一会一题为宜，一次会议的议题不应过多，如果议题过多，会议会进行得太过分散，从而难以达成有效共识；安排议题时，与会人员的心理预期也要充分考虑，最好是先进行最重要、最复杂的议题，同时，控制每个议题的商议时间。这样做的原因是，人们往往对最先接触的事物产生较大的新鲜感，而越往后接触到的事物新鲜感就会越低。

收集所有与会议所议项目有关的信息

收集有关信息，若这些信息太长、太多，将其要点摘录出来，而且自己要提前进行一番头脑风暴，这期间不是让你提出一个切实的初始假设，而是要形成一个项目解决方案框架下的初始假设集，把任何可能性的东西都放在脑袋里；然后就可以带着准备好的"新鲜食材和美味食谱"去奔赴"厨师大会"了，如此便可给团队更多时间在更合理的假设上，而不是让大家把时间花费在临阵磨枪地分析原始数据之上。

根据要讨论的问题限定与会人员

与会人员的范围应尽量合理。根据会议议题、需要达成的任务、会议性质等的不同，参会人员的范围、资格、条件等也会有相应的变化。

人员的选择可以从以下几方面考虑：与会者在会议中心议题方面是否具备相应的知识与经验；能否帮助议题进行深化；与会议想要达成的目标有无直接或主要的关系；是否有权利或能力帮助达成一项会议决议；能否

全身心投入会议；是否会因为某些特殊原因对其他与会者造成心理压力，影响其他人的发言，从而妨碍会议的总体成效；与会后的延续行动是否有直接关联；是否可有可无等等。

一般情况下，普通的团队会议以8～12人参加为宜，人数太少不利于信息交流、思维碰撞；人数太多则每个人的参与意识会降低，发言机会也会相对减少，从而影响会场气氛。如果参会人数超过20人，应尽量设立分组或分会场讨论。

保证团队里的每个人都了解你知道的事

假使每个团队成员都能从各自的角度提出深度思考后的初始假设，团队讨论就能进行得更充分。对于负责人来说，这才是非常有益的头脑风暴。

因此，作为团队负责人的你，需要确保团队里的每个成员都能在会前了解你所掌握的基础资料。你可以把你之前搜集的关键资料和关键数据放在一个专门的摘要文件里，麦肯锡人称为"基础数据文件"，并在你的团队成员间进行传阅和分享。这样才能确保所有团队成员的思考和假设都在这个"基础数据文件"的基础上展开。

基础数据文件并不难做。它不需要详细的内容，只需要把重要问题罗列下来，表述清楚就可以。若团队成员都认真阅读了这个基础数据文件，在生成各自不同的观点之前，起码你们都确保具有一个共同的事实基础。

选择开会时间和场所

会议时间的确定要力求科学，保证主要与会人员都能按时参与，避免因时间设置不合理而耗时耗财。确定会期建议步骤如下：事先做一个调查，找出全体与会者都能方便参与的时间段；选择与会者当中关键人物最佳的参会时间段，以保证这些关键人物能集中精力开好会议；避开企业重要的经营活动时间，以确保会议能有一个安静的、不被中断的时间。

会议场所的确定是另一项重要准备工作，在充分考虑与会人数的基础上，适当留有余地。确定会议场所有以下参考原则：空间必须足够大，每个与会者拥有2平方米空间为宜；会场设施确保齐全，比如桌椅、照明、音响、通风、网络、通信、安全等均应考虑；另外，会场的格局方面，圆环形的座椅排列方式比教室式的环境更适宜。

会议笔记，好记性不如烂笔头

参会时需要记笔记听上去是有点枯燥和乏味。但是，在头脑风暴式会议上记笔记是一项非常重要且考验个人能力的事情。笔记质量的好坏，甚至能直接影响到一个项目是否有效执行以及团队成员的信息是否同步，后者针对不在场的团队成员尤其重要。

一般情况下，常规会议都会有专门的人进行会议记录。但是头脑风暴式会议不同。当各种观点像浮游生物一样在会议室中漫天飞舞又瞬间消失时，会议记录会变得异常困难。因此，你必须得自己做会议记录，确保自己能在会议结束时起码将会议的讨论结果完整写在了纸上；把会议中迸发出来的思想闪光点以简明扼要、自己能看懂的方式写在纸上，确保这场会议的有效成果被最大限度地记录下来。否则，当头脑风暴结束后，疲惫的你靠在椅背上时，会发现会议中的某些闪光点已经离你而去了。

✳ **实施指南**

常规会议和头脑风暴式会议都需要做会议记录，且记录需要一定的格式。特别是后者，借助下文中的记录方式可轻松将会议中碰撞出来的闪光点有效记录下来，方便日后查阅。

常规会议记录格式（如果你是记录员）

常规会议的记录格式一般包括两部分：

一部分是会议基本信息，主要指组织情况。包括会议名称、时间、地点、与会人数、缺席人数、正式到场人数、主持人、会议记录人等。

另一部分是会议内容，这是会议记录的核心部分。包括会议的发言人及主要发言内容，或者会议的决议、讨论成果等。发言内容有两种记录方式，一种是详细记录，以发言人原话的方式将发言内容记录下来，这种方式主要应用于比较重要的会议、重要的发言；另一种是摘要记录，只需将发言要点记录下来即可，多用于一般性会议。

头脑风暴会议记录格式（如果你是普通与会者）

在麦肯锡，头脑风暴式会议记录的格式一般有以下五个要素：是否有问题？问题在哪里？为什么会存在？我们能做什么？应该怎么做？

若与会者讨论速度很快、内容很杂，你的速记能力已完全跟不上，那我推荐你使用科内尔笔记法。这个起源于美国科内尔大学的记录方法是将笔记本的一页纸分成三个板块——笔记记录、关键词、概要，目的是为了让学生更有效地听课和复习。学生们上课时只需在"笔记记录"一栏内书写；复习时，将重点内容记录在"关键词"这一栏里；上课内容的重要问题则记录在"概要"一栏里。这个做笔记的方法不仅能在上课时派上用场，在过后的复习中也助益良多。

这个方法可以很好地应用在头脑风暴式的会议记录上。为了更好地抓住实时会议的要点和方便日后查阅，我们也分了三个栏目：会议内容记录、日后要查阅的事项、本页要点。

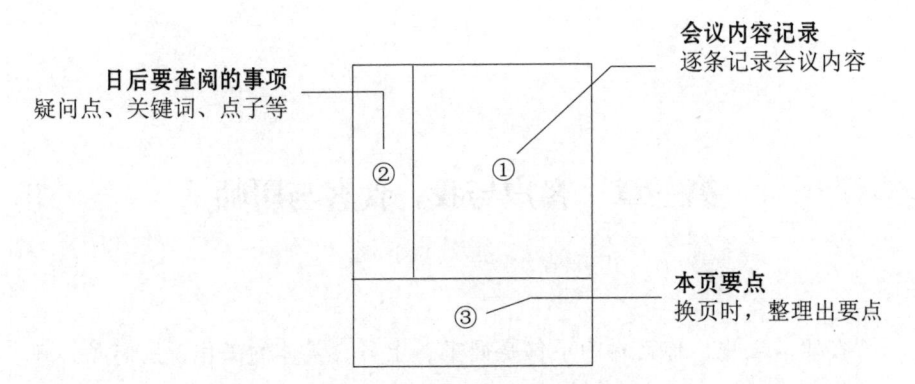

会议内容记录
逐条记录会议内容

日后要查阅的事项
疑问点、关键词、点子等

① ②

本页要点
换页时，整理出要点

③

用科内尔笔记法作会议记录

右边的大面积空白处用来做会议内容记录。具体的记录方式，逐条罗列、归纳总结都行，按自己喜欢的方式进行就可以。

左边的窄栏用来记录会议中存疑的事项。比如会议中的疑问点、关键词，需要在会议结束后再花时间进行查阅的事项，可以当场记录在这一栏中；会议中提出的重要点子、可以在会后进行有效运用的事项也记录在此。

需要翻页时，将本页的要点记录在笔记本下方的空白处。日后翻阅时，只需要查看最后这一栏，就能记起当时的具体情形。

白板记录→翻页挂图→会议"笔记"

尽管每个会议室都会有一个可以擦干净的白板和一支记号笔，但是麦肯锡的白板是可以直接将内容传递并打印到纸上的。这种高科技设备可确保麦肯锡人在凌晨两点的头脑风暴后画在白板上的重要图表不被遗忘。

借助手机拍照功能，你也可以把这个高科技奇迹轻松复制。在会议结束时，找个人把白板上的文字或图片拍张照片，之后打印出来，散发给团队成员。当然，拍照之前，为了书写更整洁、美观，可以将白板上的无关内容先擦干净。

第三章 客户与我，食客与厨师

在职场之中，你面对的不仅是同事、上司、具体的工作，别忘了，还有你的衣食父母——客户，没有客户的企业只是没有血肉能量的空壳子，注定死路一条。客户就好比食客，你就是厨师，能否做出令食客满意的菜肴来，是检验厨师技艺的唯一办法。

特别提醒您：客户是企业的生命线，更是你的力量源泉，务必维护好与客户的关系。

时刻将客户的利益置于首位

不难在麦肯锡的客户资料中发现——你所处的环境直接关系到你的客户圈子。在你的身边到处都存在着潜在的客户，比如顾客、商家，甚至首席执行官和股东等都可能成为你的客户之一。将客户放在首位，这是在事业上取得成功的重要原则，这也是麦肯锡咨询顾问公司的核心。

案例

"我景仰的人对我的忠告。"这是艾森豪威尔在1967年给麦肯锡创始人之一的马文·鲍尔此前对他的领导力给出的建议进行的评价。

艾森豪威尔在信中写道，马文曾对他这样说："在公司里，应该将重点放在你的工作中，而不是放在你自己身上。"这种方式可以让自己更加直接地意识到自身存在的优点和缺点，并且可直观地判断出哪些是客户最为需求的事情。打个比方，如果眼前的客户十分敏感，总是逃避现实，或是某位客户性格高傲，目中无人，那么马文就会将这两位客人推荐给更为合适的人选，比如他会让他的合作伙伴艾弗里特·史密斯或者卡尔·霍夫曼来接待这些客户。此外，马文不会向任何一位客户隐瞒实情，因为隐瞒实情是不尊重客户的一种表现，并且这也不符合客户的利益。哈维·戈卢布是退休的美国运通董事长，在1966—1973年和1977—1983年期间，他两度到麦肯锡工作。他曾回顾起在麦肯锡的工作经历，并表示说令他印象最深的一句话为："必须竭尽全力为客户提供最好的服务。"

伊丽莎白·哈斯·埃德莎姆是《麦肯锡传奇》的作者，她曾说过这样一件事：

有一天中午，我和部门领导人荣·丹尼尔一起到餐厅吃午餐。用餐的间隙，我问他了一问题："荣，说说看，我怎么样才能在公司里吃得开？"他知道，我的意思是说，如何可以更好地完成自己的工作。

荣·丹尼尔想了想回答说："用心为每位客户提供最好的服务。"

我说："算了，说些实质性的，到底怎么做才能在工作中干得更好？"

只听他很郑重地说了一番话："如果你总想着其他的事情，那你就没有办法在工作中获得成就。"他没有跟我解释如何才能给客户提供最好的服务，也没有告诉为什么想着其他的事情就不会取得工作上的成功，但是我相信他说得是正确的，因为他的这些话一定是跟马文、吉尔·克里或是他早期的合伙人那里学到的。我知道，如果首席执行官在离职后依然具有无懈可击的影响力，那是很惊人的一件事情。

实施指南

用心为每位客户提供最优质的服务,竭尽全力满足客户的需求,并最高程度保障客户的利益。

不向客户隐瞒实情

在新员工入职的初期,公司都会统一向他们灌输关于职业操守的概念。其中,"诚信"是职业操守中的一个重要方面。无论是对待客户团队成员、公司团队成员甚至你自己都要有所诚信。对于公司以及个人而言,在你毫无思路时勇于坦白自己的处境,比你一意孤行、虚张声势要付出的代价小得多。

不要过多干预客户的内部事务

马文为公司制定的其中一条戒律为:"切勿过多地干涉客户的内部事务,要在咨询的时候保持工作的独立性。"这条戒律被公司奉为至理名言,最终成为咨询业占主导地位的第一行业规范。

保护客户信息,管住自己的嘴

保密的重要性是麦肯锡在企业文化中反复强调的原则之一。麦肯锡咨询顾问公司必须遵循这一点——在任何情况下,对客户的一切信息进行严格的保密,除非客户自己向他人透露与麦肯锡的合作事宜。对所有有关于客户的信息进行保密,此外,也要对于任何表达过的敏感性意见进行保密。若你不能做到这一点,那么就不会成为一个合格的咨询顾问。

不可以将任何令竞争对手或是记者感兴趣的文件带到公共场所中办公。如果你认为这并不重要,那就大错特错了。试想一下,如果你在飞机上打开文件,而坐在你旁边的正是你的竞争对或是记者,他们看到了文件的内容后将会采取什么举动呢?如果不小心将重要的文件泄露给了公司其他项目的成员,甚至是你的领导,那么后果可想而知。所以,在任何的公共场合，请不要将重要文件或是客户的资料从你的文件包中拿出来，因为我们永远不会知道，在我们身边的人究竟是什么身份，是竞争对手？还是媒体记者？或者会是公司中素未谋面的某个人。

此外，确保在办公室之外，不要提起客户的姓名，即使在公司内部也要谨言慎行。因为，麦肯锡时常在同一时间为同一产业的不同客户进行项目的运营，所以当与团队之外的员工进行工作上的交流时，要注意与同事之间的保密。

需要注意，当你的工作涉及了敏感的内容，一定要注重以下几点预防措施：

1. 绝不将重要的资料随处乱放；
2. 在需要离开时锁住办公桌的柜子和文件柜；
3. 接听电话、发送邮件或传真时留心注意周围的环境。

这些细节稍有不慎，很有可能会让不法分子得到他们需要的资料。同时，为特定的客户成立服务项目的小组，在两年之内不可为此客户的竞争对手提供任何帮助和服务。

谨言慎行，别轻易向客户许诺

"一旦承诺，必须履行"这是美国前总统乔治·布什认定的原则之一。通过多年的工作与管理经验，麦肯锡已充分了解并认识到了履行承诺的重要性。并且他认为，承诺的合理性是能否更好地履行承诺的条件之一。要知道在不同的环境下，面对不同身份的人应该在什么时候说什么，在什么时候应该沉默相待。对于这一个方面，谨慎一点未尝不是一件好事。

✤ 实施指南

在界定项目时，切记不能对客户无底线地承诺任何事情。

道理很简单，当不理智的承诺无法兑现时，相关的任何业务都无法开展。很多客户带着需求找到麦肯锡时，他们迫切地希望那些棘手的问题可以一瞬间就免费解决了，好在大多数的客户知道这样的想法有些异想天开。值得一提的是，当对一个项目开始进行规划时，项目经理或者规划项目内的任何管理人员，既要让他们考虑到客户需求，又要让他们配合项目团队的项目策划，而优秀的项目经理往往可将两者平衡化，达到最好的状态。

值得一提的是，有些项目经理很喜欢对客户夸大其词，承诺很多的事情，让整个团队都背负着巨大的压力。对此，任何团队都不愿和这种项目经理一起共事，因为他太过于追求成果，模糊了成功的概念和意义，这种做法只会让整个团队陷于水深火热之中。

所以，在客户要求和团队能力之间权衡的慎重性会起到至关重要的作用。在策划项目时，不论是资深的咨询顾问还是部门的一个小员工，都要结合自己的能力做出最准确的判断，坚决不能为了一时的志气开口说出那句"没问题！包在我身上！"这类的承诺，如达不到预想的结果，只会自讨苦吃。

在项目开始之前，要对项目的风险性做一个整体的评估。并问问自己，你可以和你的团队一起并肩作战，在规定时间内完成这个挑战吗？若答案是肯定的，那么你一定可以出色地完成任务，并且达到客户的要求；若答案是不能，那么不要盲目地接下这个项目。要懂得为自己争取更多的时间，同时多和老板进行沟通，尽可能地把困难的问题分解成几个简单的小问题，然后要弄清楚如何解决这几个小问题。

为此，可以多听取一些建议，设定新的实施计划和方案。最后，准确地计算出自己所需要的资源，并向老板进行汇报，争取得到这些资源。只要做好这些工作，当项目进行时，就可以省去很多不必要的麻烦和困扰。当然，如果客户的需求过多，可以选择先进行整体项目，之后再开展新的后续项目。

统一战线，让客户团队站到你这边

在与客户团队达成合作协议时，首先要做的就是让客户团队的每一名成员接受你，确保随时随地他们都可以帮助到你，并可以从客户公司中取得最多的协助，这一点将直接关系到项目的成败。

🔍 案例

艾森·拉塞尔曾为一家经纪公司做重组项目，整个项目组是和客户公司的IT部门组成的团队合作。在客户团队里，一位电脑程序员很特立独行，他的名字叫作莫蒂。莫蒂身材矮小，戴着黑框眼镜，总是穿着比他的身材大一号的灰色西装。莫蒂很排斥参与这次的团队合作，因为他还有很多更加"重要"的工作没有完成。

为此，艾森·拉塞尔特地带着莫蒂一起做了几次访谈。由此，莫蒂接触到了公司里很多有影响的人物，他所见到的经纪人、银行家等人物都是公司里第一线的资深人物。通过与他们的交流，莫蒂了解到每个部门的不同之处和每个部门应该承担的职责，他学会了如何正确地运用自己所掌握的技能，更好地处理工作，恰恰这些细节是他平时在工作中忽略掉的。后来，每当开会时莫蒂也变得积极起来，他变得自信和健谈了。他认为，和麦肯锡在一起工作，让他大开眼界，并且感到身心愉悦。

《麦肯锡工具》的作者保罗·弗里嘉也遇到了相似的情况，他这样回忆：

在我担任经理后，我曾参与过重新评估欧洲某家大型金融公司的企业银行业务部的产品组合和市场准入方式的项目。在讨论中，整个项目充满了大量的提议，所以项目的进程显得异常艰难。此外，此项目客户的特殊性对项目的管理也产生了巨大的考验。

虽然如此，但我知道想要取得部门负责人的配合并不难，毕竟是他先找到我们寻求帮助的，可是，想要赢得负责人手下那些关键职员的信赖就不是一件轻松的事情了，如果他们对于整个项目有争议，他们完全可以有意地打乱整个项目的进程。

在这些人中，不乏公司的领导层人物和一些有影响的销售人员，所以，想要预先知道他们每一个人的想法并不容易，我们无法预料到他们中的一部分人会做出什么事情。为了避免一些不必要的麻烦，我特地花费了大量的时间和精力去与他们沟通、会谈，确保了解他们每一个人的背景和想法，以及想法形成基本原因。在进行项目的过程中，我会随时向他们交流项目进展的近况，尽最大的可能让每一个人和我的想法达成一致。在每个阶段的汇报会上，我们也会和他们进行单独的沟通和交流，这样可消除所有的隐患，确保项目能顺利进行。对于节省消除麻烦的时间而言，在项目中获得对方的信任和认可，并避免无法预料的争论，这是唯一可行的方案。

✷ **实施指南**

事实证明，无论任何一家企业紧急成立专题解决小组或直接找咨询顾问，这种行迹都可以表明该企业随时会有重大的策略调整或变动。当然，没有任何一家公司的主管会贸然地选择变动，所以，解决小组在短时间内策划出令负责人满意的可行方案就尤为重要了。

当期限临近时，你没有拿出完整的策划方案，而是还在夜以继日地制定更有说服力的实例或是论理来完善你的策划，若在那时你依旧未能获得对方的认同和信任，那么在下一次的阶段汇报会上，即使你把策划说得天花乱坠，但没有实质性的具体方案，那么也极有可能面临失败的结果。

让客户小组支持你

通过麦肯锡的经验，我们得知了如何让客户的团队认同并配合自己团队的关键——把我们的变成他们的目标。

用最短的时间将项目期望达成的项目效果与客户建立共识。在项目进行中，时常与客户公司的主管部门展开会议，主要针对于项目的进展、研讨议案的性质和重要性、其他可行的方案，以及预计的时间等重要细节，要想方设法建立客户团队的每一个层次对这些议题的共识度。

要明确地让客户团队的成员们知道，他们的努力对于双方都是有百利而无一害的，他们的付出也会对你起到非常关键的作用。要让客户的团队清楚地意识到，假设交给他们的任务没有完成，那么麦肯锡的任务也将无法完成；反之，假设交给他们的任务可以圆满完成，那么麦肯锡的任务也会圆满完成。

再者，让客户团队的成员们感受到，与麦肯锡共同工作是一次很难得并且很愉悦的经历。可以让他们学到一些在其他环境下无法学到的知识，恰恰这些对于他们今后的工作而言，是大有裨益的。不仅如此，他们所学到的东西还有可能对自己所在的公司产生很大影响甚至实质性的变革，这些都是他们在工作生涯中很难遇到的。

收服整个组织

如果你设计的解决方案对客户而言具有持续性的效益，那么首先你要想的就是如何得到组织里各个层次的支持和信赖。只有将自己的想法推销给各个层次的管理者和关键人物，让他们赞成你设计的方案，才能在最终的推行中很容易地取胜并获得配合。

如何应付客户小组中的不适任成员

毋庸置疑，每位客户小组的组员都不会有着相同的能力或追求同样的目标。对此，可以采取迂回战术。因为你的项目组成员和客户团队成员并没有经历过同样的事情，所以可以去创造同样的事情，比如多开展一些社交活动，一起聚餐，在一起打打棒球或是羽毛球，这样既可以放松精神，也可以增进彼此间的熟悉感，有助于培养双方在工作中的默契。

你中有我，我中有你

很少有人会对"让客户参与项目中"这个提议有所异议，大部分人认为，这样做将会严重影响整个项目的进度和质量。但不可否认，对此提议表达异议的人大多都过于看重短期的利益。

其实，麦肯锡的每一个项目都鼓励客户可主动地参与进来。在项目进行的过程中，并不是注重如何完美地解决问题，而是注重如何与客户进行交流、沟通，最终和客户一起解决问题，赢得胜利。与客户不断地沟通，共同探讨解决问题的方案，这是一种互动的方式，而不是将自己关在办公室里，独自钻研解决问题的方案。

在项目进行中，首先要避免发生"无效率"的情况，不要把客户"晾"在一边，要懂得让客户发挥更关键的作用。总的来说，与客户的合作是保证项目工作质量的最好方式。其中，除了麦肯锡解决问题的技能和知识会起到关键性作用之外，客户的业务知识也会起实质性的作用。所以，有必要让客户公司的领导层参与到项目的每一个环节，在恰当的时机，也可以要求客户中的人员帮助完成项目的某一项研究。

这样做能带来五点益处：

第一，在降低费用的同时，大大提高咨询人员的工作效率，尤其是针对初期项目收集并整理事实数据的阶段。

第二，协助领导者持久并实质性地改善组织绩效。

第三，对于员工而言，这种方式可以使得他们拥有更加积极乐观的工作环境，并且给予他们成长和进步的机会。

第四，可加深对客户公司的了解和客户公司文化的了解。以后与客户交流方案时，可以自然地融入客户公司的实际发展，从而得到对方的肯定和支持，让客户更积极地配合所提出的建议方案。

第五，更有效地向客户公司传授现代管理技能。

案例

一位富有创意的麦肯锡校友开发了一个反馈协调系统，用以促进团队和客户的深层次沟通，他对整个过程是这样回忆和评价的：

"提高团队工作效率的电子反馈系统是我最重要的工作：

"同事间互相提出和接受建议或是反馈，这是麦肯锡的咨询顾问都接受过的课程培训，但我注意到，客户似乎对这种直观的反馈往往不会愉快地接受。为此，针对未曾与麦肯锡有过合作关系的客户，我们有必要寻找到其他有效的方式来进行反馈。这就是我的工作——开发一种能解决这个问题的方法论。对于亚洲以及其他地区不善于演讲的客户群而言，这个方法论尤其受到关注。

"妥善处理项目团队中的交流方式和评价要素，这是实行该方法论的第一个可行步骤，其主要目的是让客户参与到团队的交流与讨论中。其次，用匿名的方式——通过网络平台来收集反馈。为此，麦肯锡团队制作了专门的反馈电子表格，询问一些常规的问题，分别发送给了客户的团队成员。实施后发现，这是一个不错的方法，匿名的方式不会让客户的想法受到限制，可以更真实地得到反馈的结果。最后，将所有的反馈整理并统计。

"网络平台匿名的客户反馈一周进行一次，每次整理后，麦肯锡的项目经理都会开会分析反馈结果，并创建新一轮的统计资料。这种方法帮助公司发现一些深层次的问题，这些问题会激励员工积极并且迅速地解决问题，并且也有助于个人以及整个团队的发展和进步。

"随后，很重要的一步就是将整理的结果提供给客户公司团队的经理或负责人。值得注意的是，来自麦肯锡公司的客户或者高管不需要参与这一个环节，因为他们的出现会导致其他人说一些违心的言论。紧接着，报告结果会在麦肯锡和客户公司团队内进行传阅。通常，此环节都会在会议前一天下午进行，待到会议进行时，先庆祝一下最近取得的成绩，然后再专门处理报告中暴露出来的问题，并讨论出解决方法。

"反馈项目的实施效果显而易见，不仅让项目团队的效率有了明显的提高，而且增加了与客户之间的沟通。不得不说，这种方式确实占据了很多的工作时间。在首次举行会议时，我就察觉到大部分的人都选择沉默，只有极少数的人愿意分享自己的观点，但是过了一段时间，当客户意识到麦肯锡反馈会议的效果后，也开始尝试着分享自己的观点。会议继续进行了三周后，客户公司的团队成员可以完全打开心扉，并且十分期待每一次的会议。

"虽然会议举行得很顺利，但难免有些项目组会遇到一些棘手的问题和困难，这就成为一种隐患。有时，这种负面的反馈会使得积极的会议变成一场批评队友的批斗会，在这种情况下，主持人和项目负责人必须站出来强行干涉。可以理解，在有负面情绪的情况下，很多客户是排斥这种反馈会议的，因为探讨问题时虽然可以畅所欲言，但也要尊重每一个人，毕竟想要提供建设性的反馈，最重要的还是不断地学习和实践经验的积累。"

✳ 实施指南

在规定时间内高质量地完成工作只是项目的一部分，在过程中，让客户参与进来也是至关重要的任务之一。事实证明，提出可行的建议和能够实际地解决问题，这是一名优秀的管理咨询顾问应当具备的基本标准。可是，这只是"多边形"的一角，富有智慧的咨询顾问应该懂得如何从客户那里得到想要的帮助。所以，如果你的客户团队里全部是那些高层管理人员的话，不妨将该公司不同层次的成员代表纳入到客户团队中。

为客户创造参与机会

建立客户团队仅仅只是个开始，下面才是最重要的步骤——让客户参与进来。为此，必须专门制订一项客户计划：把你认为重要的客户列入考虑范围之内。思考以下这个问题：客户在项目进行中可以参与多少？开动脑筋，思考如何才能让对方参与进来，他们分别适合在哪一个方面发挥作用或是提供切实的帮助？值得注意的是，在与对方沟通时，要让对方了解到这么做的益处，要知道，重点在于如何让对方自然地参与进来。对此，我整理出了几项建议：

1. 选择性试点

在某产品或某部门挑选符合只有一个实际客户的团队，明确领域并让客户参与进来，尽可能满足客户所有的需求，试点取得成功后，可以作为真实事例进行推广。

2. 控制项目的进度

在与客户沟通交流中，难免会遇到只为自己考虑的客人，他们会提出一些过分的要求和条件，面对这样的客户，必须做到明确对方的参与范围，可细化到与对方交流的目标、时间、成员。

3. 认真管理"客户的参与"

不要陆续向客户汇报工作的进度，而是要让客户参与项目的整个过程。要用启发的方式引导客户团队中潜在的"讨债成员"，必要时可从负责人"下手"，所谓"擒贼先擒王"；在获得小的突破时，对客户团队的成员给予鼓励和赞扬，增加对方的信心；把"客户的参与"当作一项独立并且重要的任务，学会多从客户的角度，用客户的思维分析、考虑问题。

4. 把客户放在首位

以客户团队的成员为中心，围绕对方展开工作的议程。提前一日告诉对方明天的安排，不要过多霸占客户的个人时间；对客户表示感激；对客户的信息和资料进行严格的保密。

成功纳入客户意见

要知道，对客户进行访谈的目的是获得对方的信任和支持，是让客户积极地参与到项目中的主要方式。我们要和客户保持沟通，随时让客户了解到项目的相关讯息，在解决问题的途中，邀请客户一同参与问题的讨论。

举办阶段汇报会时，团队成员会在会议中分享建议报告、调查结果和整理到的相关资料，确保项目正朝着目标方向全速进展。在其中，参与项目的客户会认为这一切都有他们的功劳，这时，推销方案的成功率就会大幅度提高。

给客户一份最适合他的解决方案

咨询工作的成功之处在于——你的客户欣然接受并实施你的建议。反之,如果你呕心沥血策划出了一个有真实数据为基础、有可观的利润为吸引力的完美的解决方案,但是你的客户对它似乎没有兴趣,没有将方案实施的意向,那么即使它在你的心中再无懈可击,那也是毫无意义的。

如今,随着客户专业度的提升,他们对于方案的质量要求也不断提高,只有精益求精,才能满足他们的需求。对此,麦肯锡意识到了问题的严重性。针对这个现象,公司开始采取应对措施,他要求员工不单单要具备提高设计方案的能力,还要提高根据客户的要求改变方案的能力,这样才能满足客户的需求。

所以,在设计每一方案之前,咨询工作显得尤为重要——一定要在咨询的同时了解你的客户;了解清楚其企业组织的优势、弱势,以及后期的潜力,只有这样,才能得出所有能实施、推动变革的条件。想到管理层所有不曾想到的事情,想到所有能够做到和做不到的事,这样你才算是给了客户一份最适合他的切合实际需求、随机应变的解决方案。

🔍 案例

麦肯锡前项目经理曾讲述了这样一个事例:

我带领我的团队曾做过一个项目——为一家大型金融机构削减资金成本。那时,我们察觉到该金融机构正在尝试用卫星连接所有的办公室,而该金融机构在全球拥有两百多家办公室。并且我了解到,这项卫星计划在三年前就开始了实施了,如今,已经完成了整个项目的三分之二。

对于这个现象,我们展开了一次内部会议,并且得以断定,如果终止该公司的卫星项目，改用现代技术——电话线，那么只需要投入很少的成本，便能达到同样的效果。经过严谨的测算，我们判断至少可以给该公司节约1.7亿美元。

我们将研究结果与该公司的项目负责人进行了沟通，他也是该公司的项目经理，他回应道："你们的建议很好，这样做确实可为我们公司节省下几亿美元的成本，但是卫星项目是我们研究多年的成果，如果现在忽然终止，将会为我们公司带来很大的政治风险。我们的能力有限，恐怕不能接受这个提议。我想，我们需要一个更加完美的可行计划。"

坦白地说，对方并不认同我们的想法是出乎我们意料之外的，但是换一个角度来说，或许我们可以找到更好的解决方法，为该公司节省3亿美元甚至是5亿美元，这样看来，节约1.7亿美元并不算是最好的建议了，所以对方的反应也是合情合理的。

✦ 实施指南

全面了解客户的需求，根据客户的需求制定最优质的解方案，时刻想着要为客户创造更多的价值。

从客户的角度考察问题，确保向客户提供获得重大利益的机会

寻找客户管理层的关注点，从客户的角度考虑问题，这会迫使我们快速并准确地找到客户的需求，将思考方向集中在客户所关注的信息，会让我们对客户、对问题的想法更加敏感。与此同时，要让整个项目方案与企业文化相呼应，避免客户对项目方案产生排斥的心理，进而更愿意接受并配合。

如今，很多的公司在研发新产品的途中会关注客户对产品的需求。公司会跟踪取证产品的销售和使用的情况，从而得出如何进行改进的结论。

他们坚持与客户进行沟通，才会让产品更受欢迎。这一点和我们团队的想法不谋而合，要充分地和客户进行沟通，适时向客户提供实际的信息。

然后，问问自己，当下的解决方案是否可以为你的客户排忧解难？是否可以让你的客户增值？你的解决方案可以获得多少的利润？是否有足够的精力、时间、资源来完成当下的方案？和其他的方案相比，是否该策划出更优质的方案？假如对这些问题持有否定或者疑问的态度，那么不妨考虑一下其他的可行方案。

"不要总是问祖国能给你带来什么，要去问你能够为祖国带来什么。"这句至理名言出自于美国总统约翰·肯尼迪。可以这样理解："不要总是想你辛苦得来的分析结果可以为你带来什么，要去问你的分析结果能够为客户创造什么。"很多时候，精心设计出的分析结果会给自己带来成就感，这种成就感往往会让人丧失理智，但是，一定不能因此而干扰了你准确的判断，要时刻想着为客户创造更多的价值。

尊重客户能力的局限性，没有实质性的实施障碍

需要注意，在得到最终的分析报告前，有两点值得充分考虑：一，真正了解你的客户所需，从而分析他究竟想得到什么；二，尊重你的客户和客户公司，接受对方能力上的局限。

如今的企业不乏优秀的人才，他们有着自己的特点和优势，同时也有劣势和工作上的局限，他们只能运用公司或是团队给予的资源做范围内有限的事情。很多时候，由于资源的匮乏、能力的有限，甚至因为政治因素，一些任务无法按照规定的时间完成。如果整个团队都没有办法完成任务，那么再好的方案也无济于事，好比你的篮球队攻守能力不尽如人意，即使幸运地将球传到中场，那也是徒劳无获。

提出的建议得到客户的接受和执行，才会发挥它的价值。所以，为了保证每一个提议都在客户力所能及的范围之内，我们要确保在形成最终方案前,考虑到是否这些建议能被客户所理解、认同,同时也要考虑客户是否具备解决问题的能力、体系、基础结构和参与人员?不但如此,还要避免竞争对手、消费者、供应商等外界因素对项目的影响,确保项目可以顺利进行。若你仅仅对于自己的方案很有把握,那不妨考虑一下其他的因素,只有做好全面并且正确的规划,你的建议才会产生真正的价值。

如何长期留住客户

顶级的咨询公司都明白这一点,与客户之间的关系往往决定了是否能得到新的业务,而不是取决于一张张项目建议书。因此,在麦肯锡公司,每一位负责客户关系的合伙人都会和客户保持联系,他们主要负责的工作是项目结束后的跟进,这么做既能观察到项目的影响力,也可以进一步了解客户公司的动态,从而继续帮助客户公司完成更高的目标,洽谈到新的业务。

与客户保持沟通,并且长期坚持下去,在合作中的方方面面都要以能与客户建立长期合作关系为标准。要知道,客户是麦肯锡公司事业蓬勃发展的前提,没有了客户资源,一切都是纸上谈兵。

❋ **实施指南**

"关系导向型"是麦肯锡对待客户一向采用的模式,但留住客户的关键取决于是否可以达到甚至超出客户的预想效果。下面,我们再来回忆一下麦肯锡是如何工作的:

严格实施，言出必行

"创意不错，但实施较为困难"是在很长一段时间里，很多人对于麦肯锡解决方案的评价。为了避免你提出的建议被放在公司的书架上无人问津，最终成为大海中的遗珠，那么从现在开始，你就要提升让客户实施你的解决方案的能力。

你需要设定一个清晰并且完整的实施方案，方案主要包括以下几点：应该做什么、由谁负责去做、规定在什么时间内完成，确定好方案后彻底执行。这不仅对于咨询项目有很大的益处，对于公司内很多的内部项目同样会有所帮助。

不居功，让客户感到荣耀

永远不要忘记我们的任务——我们的任务是帮助客户更好地完成他们的工作，而这些客户就是企业的领导人。不要让每一个任务只是成为一项普通的工作内容，要把它们当成你的挑战，要想着如何在挑战中获得成功。切记，是工作上的成功，而不是你个人的成功，清楚了这一点，那么就一定能得到收获。当然，这并不代表说让你抛弃个人利益，只是希望你可以在做决定之前，先考虑到他人或是整个团队。要实时和客户沟通并阐明他们工作的方向和职责。

其实，很难想象客户究竟藏有多大的潜能，所以，当项目团队的分析得到了新的突破后，第一时间要和客户公司的负责人或是提供给你重要资料的人进行沟通，听取对方的意见，让对方判断是否为可行方案。这样，你不仅可以获得对方的信任，也能在无形中建立支持你提议的联盟，为最终的报告会铺垫有力的布局。

这种做法可以给予客户更多的信赖，既让客户有被重视的、拥有主导权的良好感觉，也为他们提供了更多与你携手获得成功的机会，会让他们因此感到荣耀。另外，这种方法能够自然地让客户与你共同经历整个项目过程，从而让客户感觉到责任的重大，在合适的时候，可以让客户替你分担。

采集身边的果实送给客户

麦肯锡在项目进行期间，总会发现一些新的问题和细节，其中，大部分的问题和细节必须在额外的时间里或是其他的项目中解决。好在，只要客户对麦肯锡的工作成果表示肯定和赞扬，就会有更多的客户慕名而来，为麦肯锡项目带来新的不同的业务。所以，只要时常向客户汇报新的研究成果，并且给对方适时提供一些可靠的信息，也是促进与客户达成长期合作关系的一项可行方案。

第四章　1+1>2的团队管理

团结就是力量，这个道理大家都知道，但是置身于团队之中的时候，总是会有很多的不确定性、有各种干扰因素，导致团队不够团结，甚至像一盘散沙，令团队业绩深受影响。

特别提醒您：不管是团队领导还是普通成员，都是团队管理的一分子，都肩负着维持平衡、促进和谐的责任，看看麦肯锡在这方面有什么经验可以借鉴吧。

选拔团队成员的原则

摩西曾经告诉他的信徒们：一滴水，只有当它融入大海，才能做到不干涸。

只有当水滴融入大海后才能生存，才能有所成就，才有可能掀起那滔天巨浪。同样的道理，个人只有在团队中，才能够得到生存成长。在企业中，当遇到了棘手的问题时，不妨组织一个相应的团队，纳入更多的人来进行解决。纳入更多人的同时，就有较多的人手来进行资料的收集、分析，从而用更多的脑子，从不相同的方面对资料的真正含义进行琢磨。

麦肯锡之所以能成功，其中的关键就在于其高效运作的团队，这也是麦肯锡事业长盛不衰的重要因素。麦肯锡管理咨询顾问公司将寻找最佳搭档作为公司永续发展的必要条件来看待，他们依赖团队，将其视为解决公司客户问题的最佳方法。在麦肯锡公司，他们以团队的方式来处理每一件事情，无论是一线客户项目，还是制定公司范围的决策，因为麦肯锡不允许员工独自上路，独自工作。

❋ 实施指南

队员是团队组建的根本。用于成功解决商业问题的团队，必须在对现有资源进行最好组合的基础上，谨慎选择。在麦肯锡管理咨询顾问公司中有一整套策略，用来组织团队并保持其高水准。这其中就包括团队队员的选择，如何保持团队乐观向上的精神以及保持团队压力下高超的技巧。

项目经理和合伙人即使在这样的资源优势下，仍必须学习和掌握人才选拔的艺术。即使因种种原因无法组织合理的资源，但就是选拔团队成员的过程，对你来说，也是大有好处的。这里就介绍一下为团队挑选最佳人选的方法。

根据实际情况寻找适当的小组成员

为了能顺利开展工作，在麦肯锡公司，他们解决问题的团队并不是随机安排组织的，因为这样的团队需要从头了解相关行业。麦肯锡公司以从业经验为依据，对应聘者进行精心挑选。咨询顾问综合考虑特定项目中技能和个性的配合，从而对团队成员进行仔细挑选和任务分配确定。

在挑选过程中，他们会对考察对象的经验、智力及人际交往等进行全面权衡考察，同时又根据项目的不同而有不同的侧重点。如选择最好的数学处理专家来解释堆积如山的复杂资料；利用具有良好人际沟通能力且具有变革实施经验的人来进行需要制定敏感决策内容的项目。

在考察过程中，相对于过去的经验能力，他们更看重的是未来的潜力。同时，为使团队能够真正发挥功效，他们还会对个人经历的多元化和相互平衡进行考虑。

综上所述，在进行团队成员选择前，应草拟清单：列出完成主要任务的关键要求；制订翔实计划，明确团队成员可能来源，列出所要完成的任务以及完成任务所需要的各种资源；执行则是其中的最后一项。

在下决定之前，先与你中意的人谈谈

在麦肯锡团队进行分派的过程中会出现团队选择的重要原则，其原因在于麦肯锡全球范围的精明睿智人才队伍，以及公司对所有成员优劣势的密切追踪。当项目经理或主管因为开始新项目而需要从人力资源库进行人才挑选时，通常情况下，办公室经理会给他们提供一个列出每位推荐人经历的清单，并且在清单中，就推荐人的分析能力、客户管理技能等进行排序。

在对团队进行选拔的过程中，按评估信息进行队员挑选是最容易犯的错误，所以对目标团队成员的优劣，应以眼见为实，而不是盲目地偏听偏信。聪明的项目经理是不会简单地因为一个人不错而接受他的，他们通常会对其进行岗前面谈，从而对他们的被推荐的深层原因进行分析挖掘。

组织之外的队员选拔——招聘

很多时候团队的最佳人选并没有存在于组织内部，这时候招聘就显得很重要了。

在麦肯锡，新人招聘是十分严格的，这也是麦肯锡之所以是麦肯锡的原因之一。"吸引人才、培养人才、鼓舞人才、激励人才、留住杰出人才"麦肯锡说到做到。麦肯锡在进行人才招聘时，在面试过程中也会进行大量而细致的案例分析。通常情况下，每个应聘者需要面对八名以上咨询顾问的面试，并且需要解决他们提出的各不相同的案例。学业成绩和面试时的案例分析占招聘过程中的很大比重，这种程序化、系统化的招聘是值得我们借鉴和效仿的，招聘的关键在于事前规划和流程完整性的保持。

个人在团队中的发展和评估

麦肯锡团队管理是一门艺术，其中的选择、时时沟通、团队感情精心联络以及带有明确目的性的发展等普遍原则，是值得我们借鉴的。在麦肯锡看来，能够提供给员工广泛发展空间的工作，才是一份令人满意的工作。个人的发展，在借鉴经验积累的同时，还要有目标设定、绩效评估及程序反馈等，只有这样坚持下去，才能实现员工事业上的目标，更有助于实现企业发展目标。

✺ 实施指南

为了能够对每个员工在团队中的发展和评估进行考量，我们在实际工作中，不妨就直接借鉴麦肯锡公司的评价表格制度来进行。

和团队成员一起制定远大个人目标，远离自私自利

团队的成功离不开承诺和信任。在明确而互利的共同目标激励下，一个优秀的团队能通过大公无私的团结合作来推动事业的发展。那些目光短浅，为一己之私利而不顾公司利益，甚至利用公司资源进行"炒单"及收取贿赂回扣的员工，必将失去公司信任而葬送自己的大好前程。

想要有效地令团队成员远离自私自利，就必须使之能高瞻远瞩地看到个人目标和集体目标的共同利益。因为千古不变的道理是：远大的抱负催生巨大的成果，短浅的目标将会导致很差的效果。当你充当某个人的发展领路人角色时，你就有义务为他执行同时满足其个人和集体共同需要的发展目标，并通过宏伟目标的制定，来调动员工乃至整个组织的创造力，激发其能力，共同为目标的实现而努力奋斗。为员工制定的事业目标，应该纳入自己的目标范畴之中。

对队员进行定期评估，保持积极评价和消极评价的平衡

在麦肯锡有一种非常正式的评价表格，需要项目经理或合伙人在项目完成后为每一位相关的咨询顾问填写，在其中涉及分析能力、人际交往能力、领导能力等一系列的重要技能，同时还有他们对各层次咨询顾问在某一特定方面的期望。

在评价表的填写过程中需要有三个不同的要求：

1．保持对事对人的客观性

在客观上，其依据是事先制定好的目标，考虑范围是你所负责指导的人所能控制的事情。在指导过程中，要客观地从员工的角度出发，不能因为对某个人的不喜欢，而对工作造成影响。

2．反思自己的"配合"工作是否到位

要反思一下自己在队员工作的过程中是否提供了必要的帮助、是否尽了自己的义务，为其带来的是合作的便利而不是阻碍。当你没有尽到自己的指导职责，使得员工在工作过程中显得盲目无措时，就不要因为他没有达到指定的目标而对他进行苛责。

3．不吝惜你的理解之心

要对员工无法掌控的事情进行理解。客户破产，经济危机等并不是员工问题。

需要特别指出的是，很大一部分人简单地将评估理解为指出其中的错误，提出反面意见和改进建议。但是这种严格的经常性评估及发展建议，并不适合于每一个人。每个人都会在其发展道路上遇到令人厌恶的障碍，面对太多的评估，将会对士气产生极其负面的影响。当员工感觉压力过大时，可能就会将过多的精力投入到评估中，而忽略了其本职工作。能够保持反馈的平衡是其中的重中之重，要指出缺点和发展机会，但要注意不能过头，适度的积极评价对员工的发展能起到极大的促进作用。

即使你每天都面对自己的员工，你也未必真的花较多的时间去对他们需要改进的地方进行思考，因此思考对方时，要多从他的角度进行考虑，而不是你自己的角度。考察应该全面进行，而不是单纯地从某一方面进行要求。不妨为每一位直接下属和自己都列出一个带有积极评价和消极评价的表格来进行比较。但需要注意的是，为避免午餐的不欢而散，这样的活动绝对要避免在午餐时进行。

让信息如阳光般普照

除了制度的保证之外，在麦肯锡，分享已经成为一种文化，已经融入每个人的血液之中。在这里每个人都不会说"这是我的客户"，只会说这是"麦肯锡的客户"，因为麦肯锡的核心竞争力就是集体的智慧和力量。假如有人说"这是我的客户"，那他一定不是一个符合麦肯锡文化的人。

这种集体的智慧和力量与信息的传递和分享是密不可分的。

🔍 案例

你会在麦肯锡咨询公司里听到高级顾问经常讲给客户的这样一个管理故事：

著名主持人詹姆斯·林克莱特访问一名小孩："你长大后想要当什么呀？"

"我要当飞行员！"小孩天真地回答。

"假如有一天，你的飞机在太平洋上空所有引擎都熄火了，你怎么办？"林克莱特接着问。

小孩想了想说："我会先告诉坐在飞机上的人系好安全带，然后我挂上我的降落伞跳出去……"

现场的观众还没听小孩把话说完就笑得东倒西歪，林克莱特也吃惊地注视着这个小孩，想看他是不是一个自作聪明的家伙。没料到，小孩的两行眼泪夺眶而出，这才使得林克莱特发觉这小孩的悲悯之情远非笔墨所能形容。"为什么要这么做？"林克莱特问他。

小孩大声说："我要去拿燃料，我还要回来！"他的答案透露出一个孩子真挚的想法。

事实证明，公司领导经常犯这样的错误：在手下还没有来得及讲完自己的事情前，就按照自己的经验横加指责，说三道四。时间一长，职员将再也不敢向上级反馈真实的信息。反馈信息系统被切断，领导就会被孤立，在决策上就成了"睁眼瞎"。所以，与下属要保持畅通的信息交流，以便及时纠正管理中的错误，这样会使你的管理如鱼得水，制定更加切实有效的制度和方案。

✦ 实施指南

信息对团队的重要性就如同汽油对汽车引擎的重要性一样，没了它，你的车就会熄火。与其他资源不同，共享信息会使团队中每个人享受到的价值得到提升。所以说，信息就是力量。你总不会希望某人仅仅因为不了解信息而做出错误的决策或对客户说错话吧。

团队要想获得成功，就必须保持信息畅通。这既包括自下而上的畅通，也包括自上而下的畅通。要保证团队至少了解项目框架，大的项目更是如此。让团队都在"消息圈内"，有助于团队成员了解自己的工作对最终目标的意义。相反，当人们感觉自己生活在真空时，他们就会感到自己被集体疏离，士气也会受挫。假如保证团队成员知道最新的信息，他们会给你及时的反馈。至少，他们比你更贴近事实。有效的信息流动有助于你更快地认识问题（或机遇）。

麦肯锡顾问们融会多少年的经验，积累了许多管理内部沟通的有效方法，你可以在自己的工作中加以采用。内部沟通在团队中有两种基本方法：一种是会议，另一种是传递信息（包括语音信箱、电子邮件或备忘录等形式）。

团队会议让有益的信息充分流动，并提供某种程度上的社会联系。会议成功的关键就是确保每个人都参与，要让团队会议成为每个人工作日程的常规项目。紧密联系团队的黏合剂是会议。团队会议提醒那些出席会议的人，大家都是团队中的一员。假如你是会议的领导人，要保证对会议各项内容的讨论尽量简明，以确保每一个人都掌握重要议题、事件和问题的最新动向。如果没有什么值得讨论的，那就不要开会，你的团队成员们总会发现这额外45分钟的用处的。频繁开会是可以的，但不要开不必要的、冗长的会。

对于以团队为基础的工作来说，不要低估随机事实的价值。在团队内部还有一种独特的沟通方式：通过"走来走去"来了解情况。麦肯锡认为，一些很有价值的谈话就产生于偶遇中——走廊里、午饭的路上、饮水机旁，在麦肯锡或在客户的公司里。到处走走与人交流的过程中你的收获会很大，说不定别人也能收获颇丰。

还有，要记住"处处留心皆学问"的艺术、"三人行必有我师"的道理，要时常会见团队成员，与不参加预定会议的成员保持一定的联系和沟通。

要尽量让交流变得坦诚而频繁，与你的团队沟通时无论选择怎样的方式，都要做到这一点。

善待每一个"小人物"

小人物是一项特别宝贵的资源，可以说无比珍贵。在麦肯锡公司里，小人物的代表——优秀的助理就像顶尖的大学生一样抢手。因为好的助理可以通过自己的细致工作使咨询顾问的生活变得更为轻松。

这些小人物的工作往往琐碎：从最常见的打字、复印、归档，到更贴心的日常事务，如安排行程表、为长期埋头项目工作的咨询顾问付信用卡账单、在某个被你遗忘的纪念日为你的另一半送上鲜花和巧克力。实际上，就是这些琐碎、默默无闻的工作才让一位咨询顾问的生活变得轻松起来。虽然大多数时候，我们可以自己处理文件、自己打字，并在紧要关头自己启动复印机，但是，如果我们不得不在长达6个月的时间里都待在100公里外的客户驻地，我们就能切身体会到，"后方"能有一位值得信赖的人帮忙处理这些琐事将是一件多幸运的事情！当咨询顾问们出差时，私人助理就是把他们和公司紧密连接起来的"生命线"。

不管从事这些琐碎工作的是秘书、助理、初级职员还是实习生，记住，请善待他们。既要明确告诉他们你的需要和愿望，同时，也要给他们足够的成长空间，给予他们更多承担责任、事业发展的机会，哪怕他们并非走行政管理的路子。

案例

在不了解底细的情况下挑选得力助理实非易事，在麦肯锡，咨询顾问们都需面对这一问题。若秘书达不到标准，很多顾问的生活会因此变成人间地狱！信息传递不及时、传真发错地方、文件被搞丢、客户因为他们接电话时的糟糕态度而大为恼火，这样的事情将时有发生。

有位咨询顾问有两个正在交往中的男友，由于她一直掩饰得较好，两位男士都不知道对方的存在。很不幸地，有一次，秘书没有说这位顾问本周都会在休斯敦出差，反而告知1号男友她正在和2号男友约会吃大餐！

幸运的是，艾森·拉塞尔的秘书珊迪一直表现出色。尽管她是包括他在内共5位咨询顾问的共同秘书，但是她经常帮艾森成功搞定各种突发状况。每一次的秘书评估表，他都给她打最高分，虽然这让他有些不安，担心别人会因此把她挖走。不仅如此，艾森·拉塞尔从来都不会忘记在秘书节给她送花、或者在圣诞节给她送精心挑选的礼物。更重要的是，他对她的工作一直给予应有的尊重，尽可能地使她的工作更轻松容易。

一般情况下，艾森·拉塞尔会尽量把自己的需要清楚地告知秘书，让她对他每时每刻的行踪了然于心，这样一旦出现重要消息她就能第一时间通知他，或者通过客户和其他同事联系到他。更重要的是，只要有可能，艾森·拉塞尔都会给她创造出展示自己和参与决策的机会，在整理汇报材料时、在为他安排时间表时、在联系他和其他同事时，这种积极创造机会让秘书成长的善意，让他们俩都感觉愉快。

✳ 实施指南

一般而言，秘书是团队当中的"小人物"。对于处在事业初始期的他们而言，来自别人任何一点小小的呵护，都能让他们获益不少。花点心思和时间好好培养他们，用心回答他们的问题，告诉他们某个工作中应该注意的事项，相信我，这种举手之劳也会给你自己带来很大帮助。

吸引最好的秘书来公司工作

只有真正的职业发展规划才能吸引、留住优秀的秘书们。在麦肯锡，新来的秘书通常会先与刚进公司不久的咨询顾问一起工作，表现优秀者将会被选中转去为高级项目经理工作，最优秀的秘书则为公司其他高管或者合伙人工作。麦肯锡每年都会为秘书们开展再培训。当然，如果某位秘书足够优秀，他（她）的发展将远不止这些。麦肯锡负责招聘和行政的经理人都是从秘书做起的，现在他们已经具有了很大的权力和责任。

以上种种，目的只有一个，就是为了吸引和留住最优秀的秘书，因为这跟吸引和留住最优秀的咨询顾问一样重要。

大胆、完整地授权

不需要自己去做而别人也能做得很好的事情，就尽管放手吧。要知道，还有更多更重要的工作等着你去做。所以，你要学会授权，若你的秘书已经成长到能对突发状况做出准确判断，并且能很方便地获取有关事实，那就给他（她）加点责任吧。

小小的奖励可以增强向心力

当你的秘书或者团队在某次工作中表现突出时，不要吝啬你的奖励。有时候，一个小小的奖励，比如聚餐、奖品、奖金、休假，甚至公开表扬，都可有效增加团队的向心力。成本虽然不高，但是能让你赢得团队成员的高度认同与全力付出。

以尊重对待你的团队同事

任何时候，不尊重别人都是缺乏职业精神和道德的事情。尊重不仅指基本的礼貌，还意味着不占用员工工作之外的时间。或许你自己很享受工作的乐趣，很喜欢每周工作6天、每天工作至午夜的感觉，但是要记住，你的秘书可能有工作之外的更重要的事情需要去做。如果某段时间你的团队不得不工作至很晚，也要尽量保证晚上10点的团队会议结束之后让他们下班，并尽量与他们一起加班。

第五章　职业生活的自我管理

在麦肯锡工作久了的人都会知道，不管任何事情，排序都是客户至上、公司次之、个人最后。但是不要因此以为，自我管理就不重要。每个人必须首先在个人生活与职业生涯中求得平衡，才能达到客户与团队的期望和要求。

特别提醒您：职业生活的自我管理包含很多内容，若是疏忽了某一项，很容易自行在工作上设置不必要的阻碍。

告诉自己：不升职就离职

麦肯锡的级别是细致有序的：资浅副手、资深副手、资浅约聘经理、资深约聘经理、资浅合伙人、资深合伙人……前面几个层级的提升是在地方性分部的范围内进行的，从资浅合伙人开始，后续的晋升都将会在公司范围内进行。

麦肯锡严格奉行"不进则退"的人事原则。凡是未能如期达到晋级标准的人员，公司会妥善劝其退出。公司几乎所有的董事和高级董事都是通过6~7年的严格锻炼和培训之后，从众多的咨询人员中脱颖而出的。概率大约是每5~6个咨询人员中能有一位晋升成董事。许多董事离开麦肯锡后能够加入其他大公司担任要职。例如，运通公司、IBM公司、西屋电气公司的高管人员中有许多人都曾经是麦肯锡的董事。

✦ 实施指南

只有尽早做出一份切实的、明确的职业生涯规划，你才能更好地把握自己的近期、远期目标。当适合自己的职位出现空缺时，你能敏锐、恰当地把握住晋升机会。

尽早做出职业生涯的设计

许多跨国公司都会要求员工做出明确的职业生涯规划，包括你在公司的定位是什么、你准备向什么方向发展。如果你已经明确了自己的规划目标，那一年之后，公司会对你的定位和目标进行评估，考察你是否适合从事这方面的工作。如果你个人相信这就是适合你的方向，那么你就得设计一下：

如何能在2～3年的时间中达到这一目标对工作能力的要求，为此你将如何进行提高？

个人需要做哪些努力？

需要公司对你如何帮助？

若形势有所变化，你将如何适应和调整？

公司会有一个专门的小组对你的职业规划进行讨论、评估，并以此来打分，依据这一结果制定出你第二年的工资标准；如果你对评估结果有异议，你有权申诉，公司会有一个专门的委员会处理这类申诉问题。

积极进取，敢于表现

依你目前的职位，你可能是团队里的二号人物、甚至是垫底的备用人选。"水往低处流"，如果你继续保持现状，那么你的职业生涯不仅会往低处流，还会成为一潭死水。

想要获得成功,就必须寻求突破,实现职业生涯的自我管理,你就需要在某些极好的际遇出现之时"逆流而上"——努力发展,敢于表现。当某个合适你的职位出现空缺时,你要尽快毛遂自荐,免得他人捷足先登。

当然,这种策略是有风险的,特别是公司的等级层次越分明,你所要冒的风险就越大。你需要对其他人职权界限的划分保持高度敏感,并随时做好"撤退"的准备。

找到自己的导师才能少走弯路

麦肯锡在指导其客户服务人员方面有一套复杂的制度,创建了若干正式的个人发展工具。每一个咨询顾问,从分析师到主管都分派一个导师对其职业进行指导监督。这样的人物通常是公司合伙人,负责跟踪咨询顾问在公司内的发展,会与项目团队的其他成员详细讨论这些评估,能够掌握对某位咨询顾问的所有绩效评估。

找一个在组织中资历比自己深厚的人做师傅,这样可以充分利用他的经验,实现个人的发展和知识的增长。在麦肯锡这是实现职业发展的最主要渠道。你应该主动寻找一个你尊敬、信任的指路人,即使你的企业无法实施正规的导师指导程序。

🔍 **案例**

曾在麦肯锡工作的艾森·拉塞尔在他的著作《麦肯锡方法》中提到了自己与导师相处的故事:

在上班的第一周,公司就给我指派了一位导师,他是一位30岁左右的和蔼可亲的合伙人。他请我去一家时髦的意大利餐厅吃饭，经常有一些超级名模光顾那里大快朵颐。我们聊起在公司的事，以及如何才能攻克难关、取得胜利，度过了愉快而充实的45分钟。那次之后，我只见过他一次，大概6个月以后，他被派去墨西哥开办一个新的办事处。

他走后，我有好几个月都很迷茫。最后，公司为我指派了另外一名导师，尽管他作为导师声望极佳，但我是他十来个"学员"中的一个，除了形式上对我的工作表现进行评估之外，在与他的师徒交往中，我的收获很少。

我的大部分工作是和一位项目经理一起做的，他也是当初决定录用我的人。我们关系很好——可以说是默契。没了向导，我是不是就得在麦肯锡的大海中随波逐流了呢？绝对没有。我和其他想要成功的麦肯锡人一样，胸怀大志。在我不知所措，想听取建议时，就去找项目经理。他也让我参加他的项目组，做我擅长的研究。

我很自信一点，只要我在他那里好好表现，在评估、晋级和分派工作时，他都会站在我这边。

如果你希望得到更多的指导，必须出去寻找。我的经历在麦肯锡很有代表性。你从指派导师那里能得到多少要看运气。

✦ 实施指南

不论你的公司是什么样的体制，寻觅一个能力和见解都是你所钦佩的资历比你深的人，让他给你些建议。这是在任何公司都通用的法则。

因为只有自我能力与人际关系的开发才是未来向更高职位迈进的基石。麦肯锡校友们多数均认同，了解个人能力的局限，就如同了解团队、客户，甚至公司能力的局限一样重要。在了解自己的能力局限之后，能通过与他人建立关系，运用别人的专业来弥补自己的不足，你不仅将获得知识和经验，还能拥有一位终生的朋友和潜在的商业伙伴，对个人未来事业发展的帮助有时会是意想不到的。

通常我们会把导师定义为一个德高望重或者资历深厚的人，他能帮助你设定并达成职业目标、做出明智的商业决定、学习新技能、克服职场挑战，或者在你面对工作挫折时提供外部观点，很多人会觉得自己并没有碰到这样的人。那些在工作中经常给你提供切实可行的建议的同事，社交关系中给你提供过资源的人，都可以是你的导师，也值得你用心去维护这样的关系。你需要知道的是，实际的关系比名义重要得多，"导师"这个词从来不需要挂在嘴上说。

事实上，很多人都喜欢给别人提建议，在别人征求意见时能够坦言相待。选定导师之后，有些人还有某种担忧，他真的会教授自己有价值的东西、乐于帮助自己吗？当然，如果你和他关系很好的话更会如此。有些导师信任被指导者，希望看到他或她获得成功，仅此一点就值得他们花费时间和精力。其他导师则把这种指导关系看成是留下传承的途径。这是一种互惠互利的关系，在被指导者能善于利用时间、真心接受反馈时，导师也会继续为之投入。

这种指导与被指导的关系是可以发展为友谊的，但仍然是以工作与职业关系为基础。拜访和求助不要太过频繁，更不要因为关系不错就把自己私人生活方面的疑问也抛给他们，把导师当作心理医生去解决情绪问题也是错误的做法，因为很少有导师能花大量时间去手把手指导门生，他们中大多数都必须应对自己的工作，压力也大。记住，准备充分、情绪积极的被指导者会让他们豁然开朗，眼前一亮。

每天绘制一个工作图表

尝试着使用工作总结表格，它会在今后的工作中让你受益匪浅。麦肯锡的经验是每一天都制定一个表格，内容包括你今天做了什么、有什么收获、哪些地方还可以改进。当你尝试从事实资料中创造出解决方案时，这个每天一次的表格制作过程会帮助你梳理自己的思路，并鞭策、刺激你的直觉性记忆。

❋ 实施指南

当天的工作全部结束之后，花上半个小时的时间让身心安静下来，之后开始思考梳理当天的工作，并对明天的工作做初步的规划，以表格的形式把它们记录下来。

当你的自我管理中有了图表的帮助

对大多数人而言，每天绘制一张表格是一件繁琐且不易坚持的事情，的确如此。但是，如果你想要达到从事实到解决方案的飞跃，这绝对是一个好办法。

1. 表格会让我们随时保持明确目标

每个人在工作中都有短期目标、中期目标和长期目标。比如你计划明天做什么、或者准备下星期、下个月做什么就是眼前的特定目标。如果你不断坚持把有助于你达到中长期目标的近期特定目标写下来，你会发现你的长期目标也正在慢慢变成现实。

2. 表格会帮助你排定事件的轻重缓急次序

你将会因此明确一些事情究竟应该做还是不应该做。当你一边制作表格，一边就已经在心里排定了次序，你会自然而然将最重要的事情放在最优先的位置上，将无意义的事情排除出去。这无疑会为你节省下许多时间。

3. 表格还能不断激发我们工作的激情和灵感，确保我们对工作一直保持积极性

爱默生说：“缺乏热忱，难成大事。”工作也是需要持续不断的热忱和激情的。在解决问题的过程中，每天都会有新收获、新点子涌现出来，你要随手把它记在纸上，这有助于你深入思考并产生新的工作思路。否则，早上产生的灵感等到晚上锁办公桌时已经了无踪迹了。

图表重点：今天我学到的最重要的三件事是什么？明天的工作计划是什么？

典型麦肯锡人一天的流程如下：忙碌的一天从早上9点的头脑风暴开始，10点约客户面谈，11点参观客户工厂，之后与你的主管共进三明治午餐。随后你可能会有更多的客户面谈需要依次进行，偶尔你需要赶到沃顿商学院参加新人研讨会，每天晚些时候需要参加小组会议。一天当中，各种事件像吸墨纸上的不同颜色一样交融调和，交替在你的脑海中闪现。即使你对每次访谈都做记录，一天当中依然还是有些重要信息被大脑丢失掉。

每天抽出几分钟时间，像制定解决问题的文案图表一样，对自己当天的工作进行一次梳理、总结和回顾。方法如下：全天的工作全部结束之后，让自己身心全都安静下来。之后，问问自己，今天我学到的最重要的三件事是什么？将它们记在纸上。不需要复杂的形式，只是画张草图或是简单地写上几条就可以了。之后，再计划一下明天的工作，同样也以表格的形式把它们记下来。

需要提醒的是，表格只是用来传递和表达信息的一种工具，所以实际操作中，不需要花哨也不必苛求整齐。实际上，表格越复杂，传递信息

的效果就越差，你对它的记忆效果就越差。如果你想一劳永逸地用同样的表格传递不同的信息，那么最好放弃这个念头，还是应该多画几张分开记录，以便清晰地说明每个问题。

通常情况下，麦肯锡人能尽量用表格记录下每件事。若确实有事件无法以表格的形式传达，你可以只是把它分成几点记下来，放在不会丢失的地方，而不是把它和其他东西随手扔在抽屉里。过后如果你需要展开分析，你可快速找到它们进行查阅，思考它们的含义，看看能否从中找到合适的解决思路。

一心不可二用，把自我与工作相分离

对每个职场人来说，"工作要不要和生活区分开"都是一个永恒的话题。对此，麦肯锡人普遍认为，工作和生活有明显不同，工作需要快，需要取得结果；生活需要慢，需要品味过程。这两种截然不同的事物搅在一起只会出现摩擦。

所以，工作和生活一定要区分开。若混在一起、一心二用，自己会一直在这种模糊不清的状态中左右游离，结果就是工作、家庭都会出现问题，都无法经营好。

✦ **实施指南**

工作中，同事之间一个小小的支持，就能传递温暖，即便下班回家之后你也仍然为此感觉愉悦；家庭中，如果夫妻双方亲密融洽，这种幸福感会使你在工作中充满效率。所以，工作和生活是相互影响的。我们要尽量传递正面影响，减少负面效应。

最简单的办法就是别在工作的时候惦记着家里的琐事，比如我要几点做饭、今天谁来刷碗、周末的购物清单都有哪些，如此分心的话，原本一小时就可以做完的工作很可能磨蹭到下班也难以完成，若是被同事或上司看到你这副心不在焉的样子，将会令你的工作生涯平添几分不敬业的晦暗。

更不要把私人时间都献给了工作。这句话说起来简单，但是做起来难。在传统行业，我们只需把自己的工作合理安排好，有效利用时间，提前做好每天的规划并严格实施，基本就可以实现把工作和生活区分开来。但是，当越来越多的新兴行业出现后，工作节奏变得越来越快，每一天都会发生很多对固有计划产生破坏的事情，不可预见性大大增加，在这种情况下，将工作和私人生活截然分开变成了一件难度较大的事情。

即便如此，你仍然得明白，工作仅仅是生活的一部分，任何时候，我们工作都是为了更好地生活。所谓工作狂，是指那些放弃生活、拼命工作的人。严格来说，这是一种心理障碍。工作狂，本质上与购物狂、贪食症类似，借由对某一个事物的强烈关注来缓解自己的心理焦虑。要知道，任何时候，过度都会带来问题。工作对于生活是不可少的，但是过度工作则不可取。不要自欺欺人地认为，把工作和生活混为一谈代表你很勤奋、很努力，实际上，这只能说明你工作效率太低，或者工作方法不当。与其要下班的时候再硬挤出半小时开会，不如提前学习和训练自己如何在预定的时间内高效专注地完成工作，然后按时回家，保护你私人生活的独立性。

事业和家庭不能顾此失彼，不要再找借口。即便你的工作再忙，你也应该努力在工作与生活之间找到平衡点，并做好以下两件事：

不要将日程安排得太满、太绝对

安排好自己的时间绝不仅仅只是做一个完美的时间计划表。对于大多数人来说，在一个工作日塞进尽可能多的工作都是不现实的。因为很多时候，事情的发展往往都不会按照预先的安排进展下去，不确定的事情随时都会发生。如果你提前安排了过多事项，你将会因为很多无法回复的电话、不能如约履行的约会而增加焦虑感。

不要尝试在一天之内做太多的事情。假设你今天本来打算做10件事，那现在试试砍掉5件。实际上，一天的工作结束之后你会发现，你也确实在没有浪费时间的前提下，只完成了这5件。

而且，在计划与计划之间尽可能排除掉干扰因素，组成一个相对顺畅的工作流程。实践证明，排除混乱，将会每年为你节省240～288个小时。

每周反思一次自己是否做好了工作和自我的平衡

一周的工作结束之后，找一个专门的时间反思一下：在自己这一周所做的每一件事情（包括工作相关和工作无关的）中，哪一个是最重要的？哪一个是令自己满意的？删除那些在你工作时施以干扰的个人事务和在私人时间施以干扰的工作事宜，并且任何时候都不要为此而感到内疚。

如果这不是你个人能决定的，那就和你的上司谈谈更合适的工作安排，试着商量一下，能否通过分享工作、使用远程协作、弹性的工作时间等，来保证自己的私人时间不被占用。

访谈后一定要写感谢信

在占用了别人半小时或者更多的时间进行了一次访谈之后，回到办公室的你不要忘了写封感谢信，以书面形式向别人表达谢意是有必要的。实际上，这花不了你几分钟的时间。

写信表示感谢不仅是一种礼节，它还可以告诉被访人，你与他一样珍惜他宝贵的时间。同时，写一封正式的感谢信也是工作需要，在有公司名称的信纸上写下真诚的谢意，将会给客户留下好印象，将你与其他随意应付访谈工作的人区分开来。这个随手之举或许能在未来带给你惊喜的回报。若你对于自己在访谈中的表现不够满意，抓住访谈后寄感谢信的机会，你或许还可以扭转乾坤。

想象一下，如果你在无意中收到了一封虽然简短但是语气真诚的感谢信，心情会不会因此变得更好？我们不能因为步履匆忙就忘记了那些曾经给予我们帮助的人。在物欲横流的商品社会，这一点将更显可贵。

案例

这个故事一直在每个麦肯锡新人当中流传着：

一位麦肯锡人要采访一家地处美国中部地区的农产品公司的高级销售主管。当他打电话给客户，告知自己是麦肯锡咨询顾问，需要对其进行一个小时的访谈后，他受到了热烈欢迎。客户热切地说："快来吧！"这位顾问长途跋涉到了客户公司之后，客户给他看了一封用麦肯锡信纸写的信。这封信来自15年前另一位麦肯锡造访者，信里造访者感谢这位主管接受了自己的访谈。客户将这封信和自己的学位证书一起，多年来一直挂在办公室墙壁上一个显要的位置。

实施指南

篇幅适度、语言精练、评价得当的感谢信会让客户给你增加不少印象分。

用语要适度，叙事要精练

感谢信的内容以叙述主要事件为主。篇幅不需要太长，详略得当即可。所谓话不在多、点到为止。用语要求简洁、精炼，遣词造句上要注意把握好度，不可过分雕琢，否则会给人一种不真诚的感觉。

内容要真实，评价要恰当

信中叙述的事件必须建立在真实的事件基础上，不可夸大虚构。感谢信本就以感谢为主，表扬是其次的。所以你的言语之间一定要体现出真诚，并且让对方能舒适地体会到它。评价对方的言论要恰当适度，不能一味拔高、戴高帽，即便是喜欢恭维的人也不会对刻意的、失真的恭维话产生什么良好的感觉。

不要写千篇一律的感谢信

感谢信的主旨在于真实、真诚。虽然我们无法要求你每一封感谢信都完美无瑕、构思巧妙，但是千万不要每次都寄出完全相同的感谢信。

我在电脑中存着一个基本的感谢信模板。每次当我需要写感谢信的时候，我会在此基础上进行修改。这确实比不做修改直接寄出要多花几分钟的时间，但这是值得的。

出差也要乐在其中

出差是现代商业活动中必不可少的项目。特别是在麦肯锡，固然你会获得如好的待遇、有趣的工作、高水准的同事等很多资源，但工作也着实辛苦，长期伏案、通宵加班都是常有的事，而且，麦肯锡的咨询顾问每年都会花很多时间在出差上，这种长时间远离家庭、亲友、辗转全国甚至全球的日子，会让你筋疲力尽。

在这种情况下，把出差视为一次冒险旅程能让你减轻精神上的压力。当然，完善的出行计划和健全的工作态度也是必需的。不要把旅程和工作当成纯粹的压力，尤其是在需要长期出差的情况下。

✺ 实施指南

保持积极乐观的心态，把每次出差都视为冒险旅程，会让这件苦差事变得有趣起来。

努力看到出差中的机遇，而不要只看到出差的代价

假如你的出差地点恰好是一个有趣的地方，那就好好把握时间尽量享用吧。别忘了，旅行是你在工作之外完全可以进行的活动。假如你有一周的时间可待在伦敦或者巴黎，周末之前又恰好能结束工作，为什么不来一次阿尔卑斯滑雪之旅呢？

当然，大部分情况下，到外地工作都是一种苦差事。若你的出差地实在缺乏风情，你只能好好计划，让自己尽量少受些罪。行装简而又简，让自己轻装上阵；交通工作要确保妥当无误；一天的工作完成之后，想办法找点乐趣，和你的同事、客户团队成员或者大学时代的室友共约晚餐、看看演出，或打场球赛。不要让出差的日子只有工作、吃饭、睡觉。至少，当你回到宾馆睡觉之前，你应该做点有趣的事情。

虽然麦肯锡人想出了各种不同的方法来度过严酷的长途出差，但是保持积极的心态是大家一致强调的。咨询顾问阿贝·布莱伯格说："将出差看成一次探险吧。即使我曾经被困在密歇根的弗林特，度过长达3个月的寒冷冬季，我也依然乐观。我可以很骄傲地告诉我的孙子们，'你们的爷爷可是曾在弗林特度过严冬的人。'不是每个人都有这种探险经历的。"

乐在出差中的另一关键——适当做计划

要避免出差期间的各种困境，合适的计划是明智之举。你可把自己待在客户那里的时间做一个提前安排，保证自己能在周五或者周一回家。

带上轻便的衣服，以及你在路上真正需要的东西，而不是你可能需要的东西。如果可以，乘飞机时只带一件手提行李即可，避免托运多余的东西。如果你需要在某个地点待很久，你要提前问清楚酒店是不是有寄存行李的地方，好让你能安心出去过个周末。

找一家靠谱的出租车公司。假如你需要租车，那在此之前你应该对自己的目的地有清晰准确的认识。

出差必带的三件宝

临行前，再次给你的行李减肥，把旅行需求缩减到必需的几件东西上。

经常旅行的人会知道，任何时候你如果出行，有三件东西是必不可少的，那就是护照、机票和钱。当你需要出差时，还有另外三件东西需要加上：一张约见的人员名单、一份旅行计划书、一本好书。

作为商务行程，拜访必要的人员是首要任务。如果你需要约见的人为数不少，且日程不一，那提前制定一份约见人员名单，标记下初步的约见时间是必需的；除此之外，你可能还需要参加其他各类活动，比如参观工厂、列席会议等。把这些事件提前列好，将时间、地点一一标注清楚，制作一份属于自己的旅行计划书，这将是你整个出差行程中的重要指南。而从一地飞往另一地的航班中，一本好书加一杯咖啡，可以让你的身心获得片刻休息。

这里提供一份麦肯锡清单，它是麦肯锡人多年出差经验的结晶，也是你出差时可以借鉴的捷径：

衣服：几件衬衣、几条裤子、几条备用的领带（男士）、舒适的平底鞋（女士）、休闲装、运动装、一件保暖的羊毛衫（在夜间乘飞机时穿）；

办公用品：记事本加笔、计算器、绘图纸、需要给客户的各种复印件；

个人用品：牙刷、剃须用具（男士）、迷你化妆包（女士）、常备药、卫生用品（女士）；

帮助你保持条理及与公司保持联系的物品；

手机及充电器；

笔记本电脑；

信用卡；

航班时刻表；

到达客户所在地的地图；

一本纸质好书以及有声书（尤其是你的旅行中有开长途车的情况时它非常实用）。

人尽其能的关系网

相较于其他大多数的组织，麦肯锡校友之间的联系显然更密切。比如，纽约的一名麦肯锡助理咨询顾问，可以自由留言给印度加尔各答的咨询顾问，并且一天之内就能收到回复。当然，这一点或许还不足以让你吃惊。那么，若你得知，如今已经不在麦肯锡工作的员工们也能同样如此密切地传递和交流信息时，你可能会觉得有些不可思议了。有时，麦肯锡的校友联系看上去就像一所小型大学的校友组织，密切且迅捷。

麦肯锡倡导每个人都尽量利用起各自的关系网，这也是麦肯锡管理咨询顾问公司永续发展的前提条件。在麦肯锡的校友组织里，除了圈内人士之外，你还有可能接触到其他朋友，与他们交流经验、分享心得。这些人可能是你以前的校友、同事、朋友。无论来自哪里，他们现在都是你的资源，都有帮助你顺利前进的可能。有的时候，他们甚至还会给你带来意料之外的惊喜。

✵ 实施指南

想打造自己的好人缘、组建有效的人际关系网，既不能等，也不能靠，只有发挥自己的主观能动性，利用和创造各种机会、采用各种办法，付诸行动、扩大关系网，你才能取得进一步的成功。

创造各种机会和人相识

随着网络、电信等技术的飞速发展，通讯方式更为便捷，因此，如今的职员关系网比以往更加发达和广泛。但是也有可能，无论你的前任还是现任老板，都不会像麦肯锡一样煞费苦心地帮助员工发展校友组织。你只能靠自己。

比如，你可以在彼此不认识的情况下，以真诚友好的态度向你想要结交的对象主动介绍自己；主动了解对方的兴趣爱好、为人处世、技能、性格等有关情况，方便日后交往；给对方真诚的生日祝贺，并送上有趣的小礼品；创造机会与更多的人接触，比如多参加聚会、游览、参观、逛街等。

这样的机会非常多。人与人接触越多，彼此间的距离才可能越近，好感才可能产生，也才有可能发展为朋友。

与认识的人都保持联系，别管他是谁

保持联系并在适当的时候表达感激、给予回报，是加强和维持你的人际关系的重要策略。不光要与你现在的人际圈保持联系，即便是以前的同事、客户甚至竞争对手，也不应该失去联系。毕竟，谁也无法确定他们以后还会不会出现在你的生活中，并恰巧是在你需要他们帮助的时候。

除了最亲密的核心圈子之外，你还有很多认识的人。你们虽然暂时不够密切，但是你们有着共同的经历和价值观，也就是说，你们有共同的文化。这些人可能是你以前工作时的熟人或朋友、大学校友或同学、或者社区活动中认识的朋友。无论他们来自哪里，现在他们都已经是你人际网络中的一分子，都有可能帮助你发展，甚至都有可能在你需要帮助时给你送来惊喜。所以，尽量不要放弃这些人脉资源。

没有什么比面对面的接触更能促进人际关系的了，虽然私人会晤是最费时间的一种联系方式，但也是最好的与人保持联系的方式。对于那些与你有重要关系的特定的人，你应该定期和他们聚会，相约一起吃顿饭，不管是简单的早餐、午餐还是丰富的晚餐，都是一件很好的事。如果你实在无法每月都安排时间和这些人见面，那么，提前安排好一个见面的次序是必要的。确定下哪些人是最重要的，然后依此制订计划，如果可能，至少三个月就得和他们聚会一次。

关系网是一条双轨道，记得回报那些帮助过你的人

绝对不要存着利用别人的心态。倘若你利用完别人之后就把对方忘到了脑后，那谁都不傻，别人会因此只跟你做交易，不跟你做朋友。而交易关系只在你有利用价值时才存在，当你没了利用价值，别人会把你一脚踢开。

在别人需要你帮助时，不要吝于伸出你的援助之手。如果对方曾经帮助过你，现在就是你回报的时候；如果别人未曾帮助过你，现在也是你积德行善的时候。若是某一天，你偶尔接到了一个母校年轻校友的求助电话，那就尽量去帮助他吧。说不定某一天，他会给你带来回报。这样的例子比比皆是。

消除那些破坏人际关系的消极因素

对于自己好不容易建立起来的人脉网，如果不加以精心呵护，这张网就会出现漏洞，很多宝贵资源会随之流失。毕竟，人际关系可不是一经建立就坚不可摧、万事大吉的。因此，你需要不断消除那些有可能破坏你人际关系网的消极因素。比如，喜欢斤斤计较彼此的利益得失；只能听恭维和赞美，无法容忍任何的直言劝谏；过于依赖对方等等。

如果你感觉经营人际关系是一件很难的事情，并想因此而放弃它，实在不是理智的做法。每个人都离不开人际关系，逃避对人际关系的经营而只想拥有别人真诚的友谊或帮助只能是空中楼阁。维护好人际关系是你的生活责任。就如同你需要维护好自己的身体健康一样，你只有维护好了人际关系的健康，你的人生和职业生涯才会更精彩，你也才能从中体会到更多的幸福感。

紧张工作之外的私生活

很多人都想知道，麦肯锡的咨询顾问们在离开办公室之后，是如何安排自己的私生活的。对此，很多麦肯锡人都表示，由于工作压力太大，他们几乎没有家庭生活。这也是很多人最终选择离开、向外寻求发展的原因之一。不过，他们内心其实也清楚，工作压力不会因为换一个公司而消失，有时反而会变得更大。

所以，即便你的工作再紧张充实，也应该为自己留下一些供你喘息的私人空间。只有做到有效地分散压力，在事业与家庭当中找到平衡，才是成功人生的真谛。

✦ 实施指南

实际上，如果每周工作都达80个小时，那么除去吃饭、睡觉、洗漱之外，你也剩不下多少时间做其他事了。所以，若是你想要拥有自己的私人时间，就必须得提前做一些工作、制定一些规则。

一周中最少休息一天

选定好一天（大部分人选在周六或周日），之后告诉你的上司以及你自己，除非有绝对紧急的情况，否则这一天你绝不工作。大多数情况下，上司们都会尊重你这个决定。更重要的是，你自己也要尊重这个决定。这一天你要确保和你的家人或者朋友待在一起，或者只是看看报纸、喝杯咖啡，让你的心从工作上暂时离开，以实现身心的放松。

私人生活的事前规划

有一个人曾经跟我说："我还没有准备好享受私生活。因为我尚未制定下足够的规则，我太担心它会影响我的事业了。"

如果你需要在周六出差，那么，就不要在周五晚上还想着能找到其他员工周末为你工作了。出差之前的短暂私人时光，就别用来挂念工作的事情了。如果你不想因为没有想到如何度过周五晚上而让自己整晚只是待在家里看书消磨时光的话，那你就必须事前对私人生活的内容有所规划。

当然，即便你提前制定好严格的规矩，有的时候也不得不违反。因为你的优先顺序是"客户、公司、个人"，在此原则下，有时候你不得不让个人生活退居工作之后。不过，立下规则依然是有必要的，它的最大好处就是，由于你事先立下了这个规矩，那么你自己和你周围的人，包括你的老板、同事、配偶、孩子等，都会知道什么时候你最可能有时间。